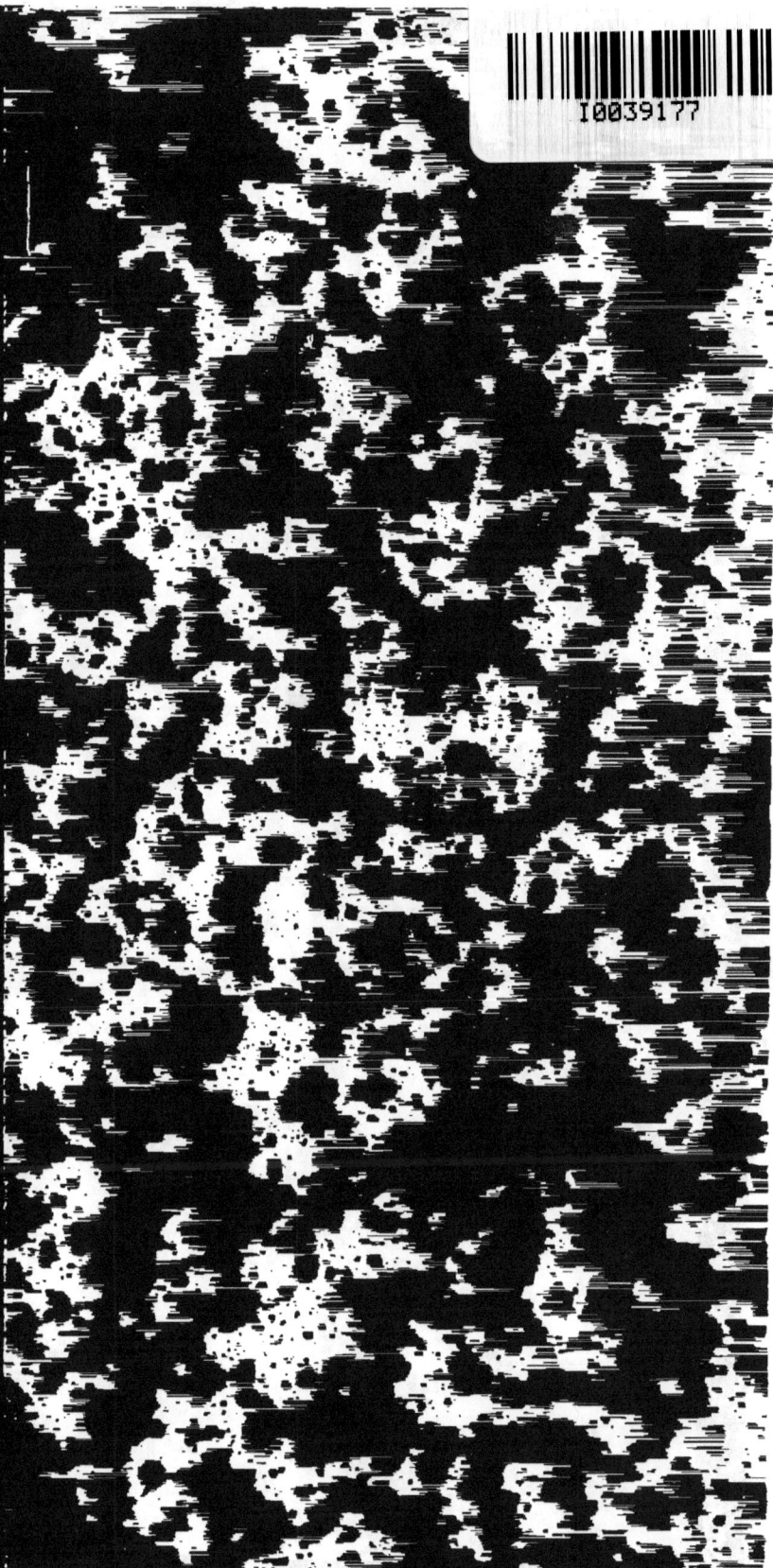

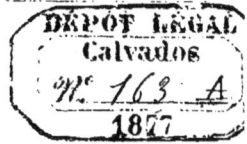

# L'EXPLOSION

DE

# LA CITADELLE DE LAON

*Extrait des Mémoires de l'Académie des Sciences, Arts
et Belles-Lettres de Caen.*

# L'EXPLOSION

DE LA

# CITADELLE DE LAON

EPISODE DE L'INVASION ALLEMANDE

(1870)

*Avec Pièces justificatives inédites*

PAR

GUSTAVE DUPONT

CONSEILLER A LA COUR D'APPEL DE CAEN

LBH

CAEN

IMPRIMERIE F. LE BLANC-HARDEL, LIBRAIRE

RUE FROIDE, 2 ET 4

—

1877

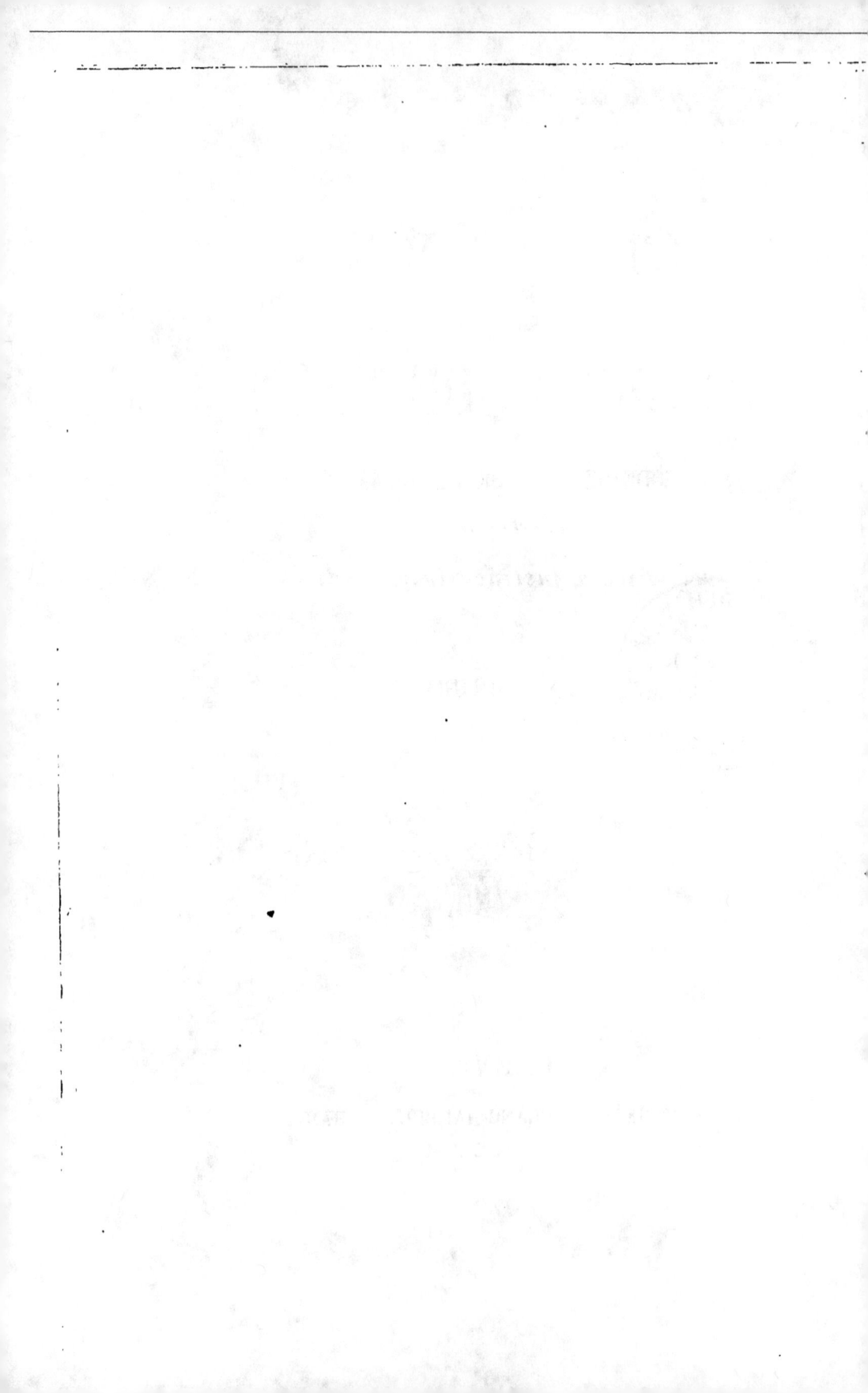

# L'EXPLOSION

## DE

# LA CITADELLE DE LAON

### ÉPISODE DE L'INVASION ALLEMANDE DE 1870

Au milieu des nombreux et dramatiques incidents de l'invasion allemande dans nos départements du nord pendant les mois d'août et de septembre 1870, l'explosion de la citadelle de Laon, qui suivit l'occupation de la ville par le corps d'armée du duc de Mecklembourg, eut un grand retentissement et produisit une vive impression. Au premier moment et avant toute information, l'opinion publique à Paris et dans les provinces fut disposée à voir dans cet incident, sans se préoccuper de sa valeur morale ou légale, un exploit héroïque qui attestait les dispositions de plus en plus exaltées des populations contre l'ennemi implacable qui envahissait notre territoire (1).

(1) Voy. les journaux de l'époque et notamment le *Journal des Débats*, n° du 12 sept. 1870.

Notre sympathique collègue et ancien président, M. Joseph Ferrand, alors préfet de l'Aisne, prit une part aussi active qu'honorable aux événements qui précédèrent et qui suivirent la sanglante catastrophe. Arrêté par les Prussiens pour avoir procédé aux opérations de la conscription, malgré le rescrit royal « et comme complice de différents attentats « commis dans son département contre des soldats « allemands par des individus qui n'appartenaient « pas à l'armée française (1) », il fut conduit à Coblentz, menacé de passer devant un conseil de guerre et enfermé dans une des casemates de la forteresse d'Ehrenbreitstein. Il resta prisonnier de guerre pendant près de cinq mois : du 10 septembre 1870 au 31 janvier 1871.

J'ai pensé que l'Académie entendrait avec quelque intérêt le récit de cet épisode d'une époque dont il est si pénible de se souvenir, mais qu'il est si nécessaire de ne pas oublier ; je l'appuierai exclusivement sur les preuves irrécusables tirées des documents officiels, inédits pour la plupart, qui s'y rattachent, et de notes recueillies jour par jour par des personnes qui en ont été les témoins et dont plusieurs, par une coïncidence heureuse,

(1) Voy. pièce justificative, n° 96.

habitent aujourd'hui notre contrée. La lumière se fera ainsi sur des détails qui sont encore peu connus ou qui ont été inexactement rapportés, et qui, en tout cas, seront pour notre histoire, quand l'heure encore lointaine de l'écrire sera venue, d'utiles et précieux matériaux.

## I.

Les illusions malheureuses et trop généralement partagées qui, par des causes que nous n'avons pas à rechercher ici, avaient entraîné le gouvernement impérial dans la guerre contre l'Allemagne, ne tardèrent pas à se dissiper. Dès le début de la campagne, c'est-à-dire dès les premiers jours du mois d'août, les revers qui s'étaient succédé avec une rapidité foudroyante faisaient prévoir que la France allait se trouver en présence d'une invasion semblable à celles de 1814 et de 1815, — et plus terrible peut-être.

Plus la confiance en nos moyens d'action avait été extrême, plus la sécurité sur le résultat avait été aveugle, et plus la réaction fut rapide et profonde. Il se manifesta dans les esprits deux grands courants. Les uns se sentirent émus et troublés à l'approche d'un fléau qui s'attaquerait à leur fortune, à leur famille et à leur vie. La peur donna au péril des proportions exagérées et obscurcit le jugement d'hommes honnêtes, d'ailleurs, mais peu préparés aux résolutions énergiques. Il y eut de folles terreurs et des défaillances regrettables. D'autres, au contraire, plus fermes et plus virils, ne voulurent pas désespérer aussi facilement ni aussi vite du salut commun ; ils estimèrent que le premier et le plus impérieux devoir d'un peuple, alors même qu'il va succomber certainement sous la force brutale, est de proclamer, en résistant, l'invincible puissance du droit, et, vaincu, de garder du moins son propre respect en sauvant son honneur.

Le flot de l'invasion commença à s'étendre après les batailles de Mars-la-Tour et de Gravelotte, où nos vaillants soldats avaient lutté contre un ennemi plus de deux fois supérieur en nombre, bien commandé, prêt depuis longtemps, admirablement discipliné et ne manquant de rien. Les armées allemandes étaient précédées, on le sait, par d'innombrables petits détachements de cavalerie légère, des uhlans presque toujours, qui s'en allaient à plusieurs lieues en avant éclairer la marche du corps auquel ils appartenaient et lui formaient comme un rideau qui, tout en annonçant sa venue, dérobait ses

mouvements et le mettait à l'abri des surprises.
L'apparition de ces cavaliers, qui savaient allier la
prudence à l'audace, devint pour les populations,
déjà démoralisées par tant de coups imprévus, un
épouvantail qui les frappa de stupeur. On assista à
des spectacles déplorables et qui révèlent dans une
nation un mal terrible, qui peut la conduire à ce qui
est pour elle pire que la mort, — à la décadence,
dont le signe le plus certain est l'abaissement des
caractères.

Les Allemands, sous la savante inspiration de
M. de Bismark et de M. de Moltke, avaient professé
ce nouveau principe de droit des gens, que, dans la
guerre que se font deux pays civilisés, le pays envahi ne peut se défendre que par des soldats enré-
gimentés et en uniforme. Ils ne reconnaissaient pas
au citoyen le droit, et, à plus forte raison, le devoir
de défendre ses foyers, sa propriété, sa personne
même. Un tel système n'était rien autre chose, on
le voit, que la négation pure et simple du sentiment
regardé jusqu'à nos jours comme le plus noble et
le plus indiscutable de tous, — l'amour de la patrie,
le patriotisme ; il s'élevait presque à la hauteur d'un
blasphème contre la dignité humaine et il était,
enfin, l'insulte la plus sanglante qu'on pût jeter à
la face d'un peuple, grand et respectable, quoi qu'on

fasse, par les souvenirs glorieux de sa longue histoire et par le rôle généreux qu'il n'a cessé de jouer et dont tant d'autres ont éprouvé le bienfait, sans lui en être reconnaissants.

Le nouveau principe était donc bien facile à réfuter. Il suffisait pour cela d'opposer la Prusse à la Prusse, Frédéric Guillaume III à Guillaume 1er, 1813 à 1870. La Prusse, abattue deux fois sous l'épée du grand guerrier, dont nous avons tant célébré les triomphes, se releva dans un sombre élan à la voix de son roi, lorsque, dans le célèbre décret sur le landsturm, que tout le monde connaît, mais qu'on ne saurait trop relire, il lui montra quels étaient ses devoirs.

Frédéric Guillaume disait à son peuple (1) : (Art. 1er) « Chaque citoyen est tenu de repousser « l'ennemi avec les armes dont il peut disposer « quelles qu'elles soient ; de s'opposer à ses ordres « et à leur exécution, de quelque nature qu'ils « soient ; de braver ses défenses et de nuire à ses « projets par tous les moyens possibles. (Art. 5 ) : « Chaque citoyen qui n'est pas en face de l'ennemi « ou qui n'appartient pas à la landwehr, doit se « considérer comme faisant partie du landsturm, « quand l'occasion s'en présente. (Art. 7) : Le combat

(1) *Journal de Genève*, n° du 17 oct. 1870.

« est une nécessité, une défense légitime qui au-
« torise et sanctionne tous les moyens. Les plus
« décisifs sont les meilleurs, car se sont ceux qui
« servent de la façon la plus efficace une cause juste
« et sacrée. (Art. 8) : Le landsturm a donc pour
« destination de couper à l'ennemi ses chemins de
« retraite ; de le tenir sans cesse en éveil ; d'in-
« tercepter ses munitions, ses approvisionnements,
« ses courriers, ses recrues ; d'enlever ses ambu-
« lances, d'exécuter des coups de main pendant la
« nuit ; en un mot, de l'inquiéter, le fatiguer, le
« harceler sans relâche, de l'anéantir par troupes
« ou en détail de quelque façon que ce soit.
« L'ennemi s'avance-t-il dans un pays, même à
« 50 milles, sa situation sera précaire si sa ligne
« d'investissement manque de profondeur, s'il ne
« peut plus envoyer de petits détachements, soit
« pour fourrager, soit pour faire des reconnais-
« sances, sans savoir par expérience qu'ils seront
« anéantis, enfin, s'il ne peut avancer que par
« masses profondes et sur des chemins tout tracés.
« L'Espagne et la Russie en ont fourni l'exemple.»

Et l'année n'était pas encore écoulée, que la
bataille de Leipzig venait donner à ce programme
sa plus éclatante sanction.

La Prusse craignit, sans doute, que la France

envahie pour la troisième fois depuis un demi-siècle, ne voulût imiter en 1870 ce qu'elle-même avait fait en 1813. Elle prit ses précautions, et pour être assurée que : « ses petits détachements ne seraient « pas anéantis , » elle procéda comme on sait , — par la terreur. Elle ne réussit que trop sur certains hommes et en certains lieux.

Certes, il est dur de rappeler de tels souvenirs ; mais la vertu d'un breuvage est souvent dans son amertume, et il faut que l'histoire ait son enseignement et sa justice. Eh bien ! on vit une ville de 20,000 âmes rester calme et silencieuse devant vingt uhlans qui parcouraient ses rues le cigare aux lèvres et la carabine sur la cuisse (1). On en vit une autre deux fois plus populeuse, capitale de l'une de nos anciennes provinces , se soumettre à quatre éclaireurs prussiens et verser docilement 50,000 fr. et une quantité de rations d'avoine à vingt-six cavaliers qui, à une demi-heure d'intervalle, avaient suivi les quatre premiers (2).

On vit enfin une municipalité tout entière , maire, adjoints et conseillers municipaux, combler la mesure en adjurant leurs concitoyens de ne pas oublier

(1) *Journal Officiel,* nos des 25 et 31 août et 1er sept. *Journal des Débats,* no du 28 août 1870.
(2) *L'Espérance de Nancy,* no du 14 août 1870.

qu'ils ne devaient pas se défendre, parce que ce serait dangereux ; d'éviter tout acte d'hostilité , afin de ne pas violer les lois de la guerre ; d'être prudents et de rentrer dans leurs foyers , dans la crainte de mécontenter l'ennemi et de compromettre ainsi leur intérêt (1).

Nous nous arrêtons là, d'autant plus que , grâce à Dieu , à côté de ces inqualifiables faiblesses, il y eut, ailleurs, de nobles paroles, des résolutions courageuses et de ces actes de dévouement qui relèvent et fortifient les âmes. — A Verdun , la garde nationale repoussa le 25 août une armée de 10,000 hommes , commandée par le prince de Saxe (2). Plus tard, Soissons, St-Quentin, la Fère, Toul, Strasbourg etc. ne capitulèrent pas sans lutte, et, villes ouvertes ou villes fermées firent leur devoir dans la mesure que comportaient leurs ressources et leur situation (3). Qui donc a oublié la petite ville de Châteaudun et ses ruines glorieuses dont, à coup sûr, elle ne changerait pas le souvenir pour le plus magnifique monument ?

Tel était l'état des esprits dans le double courant que nous avons indiqué. Le choix du gouvernement

(1) *Journal des Débats*, n° du 2 sept. 1870.
(2) *Journal Officiel*, n° du 28 août 1870.
(3) Pièces justificatives, n°ˢ 1, 2, 3, 4, 5 et 6.

entre l'un et l'autre ne pouvait être douteux. Devait-il éteindre les premières étincelles de patriotisme qui apparaissaient après un trop long engourdissement? Cela lui était possible ; — il lui suffisait de s'adresser à la peur et à l'égoïsme, en mettant les intérêts matériels au-dessus de l'intérêt moral, le froid calcul de la raison au-dessus de ce qui est l'essence même du caractère français, c'est-à-dire la prudence qui sacrifie tout à elle-même, au-dessus de la générosité qui se sacrifie et, osons dire le mot, la lâcheté au-dessus du courage !... Mais si cela était possible, cela menait infailliblement à une autre espèce de ruine, et celle-là définitive et irrémédiable ; — au mépris de l'ennemi et de l'Europe ; — à la fin de la France ; car un peuple déshonoré ne compte plus !... Le gouvernement de l'Empire n'hésita donc pas.

Essayant de s'arrêter sur la pente rapide où il se sentait descendre, il fit dans sa proclamation du 7 août, après la désastreuse journée de Wœrth-Reischoffen, un appel suprême à l'énergie de la nation (1). Puis les chambres furent convoquées, les ministres changés. On réorganisa la garde nationale sédentaire; on appela la garde mobile et on commença à mettre Paris en état de défense.

(1) *Journal officiel* du 8 août. — Pièce justif. n° 7.

Pour les départements du Nord, l'envahissement était imminent, et au nombre des premiers exposés était le département de l'Aisne, puisqu'il touche à la frontière par sa pointe orientale et que son territoire, traversé par plusieurs des grandes voies militaires qui conduisent à Paris, est ainsi compris dans l'aire stratégique de l'invasion sur ce centre vital de la France. Que de fois, en effet, n'avait-il pas été foulé par le pied des barbares?... Depuis le VIᵉ siècle, il avait vu passer toutes leurs bandes : Huns, Saxons, Normands, Russes et Germains. Son chef-lieu, la vieille capitale des derniers Carlovingiens, avait, d'après l'un de ses historiens, subi trente-et-un siéges (1). Du haut de sa montagne, Laon avait, en 451, résisté à Attila et n'avait, en 1815, ouvert ses portes aux Prussiens que sur l'ordre exprès de Louis XVIII. Au moyen-âge, la lutte de ses habitants pour la défense de leur célèbre charte communale avait duré plus d'un siècle et constitue l'un des faits les plus saillants et les plus étudiés de notre histoire politique. Ce sont là de belles annales, et le préfet qui administrait le département les connaissait bien lorsque, le 7 et le 28 août, en s'adressant aux habitants, il leur disait qu'ils occu-

(1) *Hist. de Laon*, par Devisme.

paient un poste d'honneur (1) et qu'ils se montre-
raient dignes de leur passé (2) !

Mais jusqu'à quel point la ville et sa citadelle
pouvaient-elles contribuer à la défense commune et
arrêter la marche de l'ennemi sur Paris ?

Un juge compétent entre tous, l'un de nos officiers
les plus braves et les plus expérimentés, le général
Vinoy, l'a dit dans le livre qu'il a publié, en 1872,
sur le siége de Paris (3) ; nous ne saurions mieux
faire que d'emprunter ses paroles :

« Laon est une position défensive admirable. La
« ville s'élève sur un mamelon absolument isolé et
« qui domine d'environ quatre-vingt-dix mètres, et
« par des pentes fort raides, la plaine environnante.
« Au sud, les approches en sont encore défendues
« par des marais, et de tous les côtés la position est
« des plus fortes. Une enceinte de vieilles murailles
« fait le tour de la crête, dont elle suit les sinuo-
« sités, et s'appuie d'un côté sur la citadelle, qui
« est petite mais bien située, et de l'autre sur un
« grand ouvrage de campagne, encore inachevé,
« qui garnit l'extrémité de l'éperon sud-ouest.

(1) *Messager de l'Aisne*, n° supplém. du 7 août 1870. Pièce
justif., n° 8.

(2) Pièce justif., n° 20.

(3) *Siége de Paris*, par le général Vinoy, 2ᵉ édit., p. 90.

« Laon offre donc, en cas d'événements, une
« position facile à défendre, et, en outre, un point
« excellent de retraite pour réunir une armée à
« l'abri de ses murs. »

Seulement, pour remplir la destination que
l'homme de guerre lui reconnaissait, il était indis-
pensable que la place eût été mise d'avance, ou
qu'elle fût mise sans retard dans les conditions
ordinaires d'armement, de garnison et d'approvisionnement en vivres, munitions, etc. Or, à ce point
de vue, tout restait à faire et à organiser. La tâche
imposée aux fonctionnaires civils et militaires était
pleine de difficultés de tous genres ; elle était in-
grate autant qu'inextricable. Mieux que nuls autres,
ils voyaient l'immense désarroi qui s'accentuait
chaque jour davantage et n'avait aucun précédent
dans notre histoire. Beaucoup d'entre eux, depuis
plusieurs années, n'envisageaient pas sans effroi
le courant rapide qui nous entraînait ; mais il était
trop tard pour l'arrêter. Le devoir de chaque repré-
sentant de l'autorité était désormais de donner
l'exemple du dévouement et de l'esprit de discipline
qui était notre dernière ancre de salut et dont
l'oubli allait être notre perte.

Le commandement militaire de l'Aisne avait
été confié à un général qui l'avait exercé anté-

rieurement pendant deux ans et qui, depuis une
année, s'était retiré dans sa propriété des environs
de Laon. Le général Théremin d'Hame avait, malgré
son âge et malgré la fatigue due à ses longs et
honorables services, accepté le lourd fardeau de
préparer la défense d'un département qui, par sa
position, était l'avant-garde de la France et s'attendait chaque jour à voir paraître les éclaireurs
prussiens.

Le préfet, M. Ferrand, encore dans toute la force
de l'âge, quoique depuis plus de vingt années dans
les fonctions publiques, avait déjà, dans la Haute-
Savoie dont il avait été l'un des premiers administrateurs français, su faire aimer et estimer le nouveau
gouvernement par son caractère élevé et conciliant,
son expérience des affaires, la dignité de sa vie
privée et sa profonde honnêteté.

C'était à ces deux fonctionnaires qu'était imposée
la mission de relever, pour ainsi dire en vue de
l'ennemi, des institutions qui étaient tombées ou qui
n'existaient plus que de nom. En même temps qu'il
fallait organiser la garde nationale sédentaire, la
garde mobile, les francs-tireurs, il fallait réveiller
notre vieil esprit militaire, l'initiative individuelle,
la discipline volontaire, l'idée de la patrie, de
l'abnégation et du sacrifice. C'était déjà beaucoup et

c'était loin d'être tout. — Les approvisionnements manquaient absolument ; les dépôts, la réserve, les nouveaux régiments en formation avaient épuisé ce qui se trouvait dans les magasins de l'État. — Le département de l'Aisne avait cinq bataillons de mobiles, c'est-à-dire 12,000 hommes environ, à équiper et à armer ; et il n'y avait plus ni vêtements ni chaussures, ni sacs, ni ceinturons. Quant aux fusils, il en eût fallu environ 68,000 pour en donner aux gardes nationaux des deux catégories ; le département n'en possédait que 24,000 (1) ; et encore, une partie de ceux qui étaient distribués étaient défectueux ; et l'industrie locale n'avait en quantité suffisante, ni matières premières, ni outils, ni ouvriers exercés, pour faire convenablement les réparations indispensables. Il résultait de là des hésitations, des lenteurs ou des malentendus qui donnaient lieu à des plaintes ou servaient de prétextes aux mécontents et aux timides. Si l'on ajoutait à cela l'insuffisance d'instruction militaire des chefs, dont la plupart n'avaient jamais vu le feu ; l'absence complète d'officiers instructeurs et les dispositions à l'indiscipline qui étaient la conséquence à peu près inévitable de ces diverses circonstances, on avait la mesure des

---

(1) Pièce justif., n° 10.

obstacles contre lesquels l'administration avait à lutter et qu'on lui prescrivait de vaincre.

Il y avait encore pour l'autorité militaire une difficulté de plus. L'existence d'une place de guerre imposait au général des obligations spéciales qu'il ne pouvait enfreindre que sous peine de mort ou de dégradation. Tout le monde sait, en effet, qu'aux termes des lois en vigueur, notamment du décret du 1er mai 1812, tout commandant d'une citadelle assiégée ou bloquée ne peut capituler que si la garnison, après avoir soutenu un premier assaut, est hors d'état d'en soutenir un second et après l'épuisement complet des vivres et des munitions convenablement ménagés. Or, si la citadelle de Laon était, dans l'opinion du général Vinoy, une bonne position défensive, elle n'avait pas, en ce moment, un seul homme de troupe régulière pour la défendre, ni infanterie, ni génie, ni artillerie. L'unique force dont elle pût disposer était un bataillon de garde mobile et la garde nationale sédentaire à peine formés; et nous venons de voir combien était illusoire l'aide qu'on en pouvait attendre contre un corps d'armée assiégeant. Quant à l'armement, il consistait dans treize canons, dont dix étaient en mauvais état; et enfin, il y avait peu de munitions, peu d'approvisionnements et peu d'eau.

En présence de cette situation difficile et dans
l'impuissance absolue où l'on était de prévoir les
événements que les hasards de la guerre amè-
neraient, il n'y avait évidemment qu'un seul parti
à prendre. Tant qu'une force régulière ne viendrait
pas occuper la place et ses abords et servir ainsi
de pivot à une défense efficace, l'autorité militaire
devait se borner à prendre des mesures provisoires
pour parer à cette éventualité, si elle se réalisait,
et à mettre la ville et la citadelle à l'abri d'une
surprise de ces partis de cavalerie qui déjà avaient
fait subir à certaines villes la honte de leurs
audacieuses bravades. Il y avait là une question
d'honneur qui intéressait tous les citoyens, quelle
que fût leur condition, et qu'il suffisait d'être français
pour comprendre et pour résoudre.

Ce fut ce que le général Théremin pensa. Il réunit
donc, le 20 août, le Comité de défense, qu'un
décret avait institué dans chaque département ; il
crut convenable, dans un but d'union et de solidarité
patriotique, d'y appeler le préfet et le maire du
chef-lieu qui n'en faisaient pas partie de droit (1).

---

(1) Ce Comité était, d'après les règlements, composé du général
et des commandants de place, du génie et de la garde mobile.
Ce fut plus tard que les préfets présidèrent les Comités qui furent
réorganisés.

Le Comité, après un mûr examen, décida que
la ville et la citadelle pouvaient et devaient être
mises en mesure de faire face à deux éventualités :
1° celle où il s'agirait de repousser une reconnaissance ou un coup de main de cavalerie ; 2° celle
où une division ou un corps de l'armée française
viendrait demander un abri et profiter des moyens
de défense que la place présentait.

On prescrivit, en conséquence, sur la proposition
du capitaine du génie Vauthier, quelques travaux
d'ailleurs peu importants, de coupures de routes,
de clôtures et de terrassements qui parurent suffire
pour la double hypothèse prévue. On s'occupa,
en même temps, de faire quelques approvisionnements. L'état des travaux fut rédigé et publié (1)
et une note fut adressée à l'autorité civile. On se
bornait à lui demander d'ouvrir une tranchée sur
la route d'Ardon ; d'établir un pont volant sur
cette tranchée ; on l'avertissait, en outre, que les
portes de la ville seraient désormais fermées chaque
soir à neuf heures.

Le maire estima qu'il était de son devoir de
soumettre cette affaire au Conseil municipal, quoiqu'elle ne fût peut-être pas rigoureusement de son

(1) Pièce justif., n° 9.

ressort et que la dépense qu'elle entraînait fût des
plus insignifiantes ; elle était, il semble, de celles
qui exigent plutôt la promptitude de l'exécution que
les lenteurs des débats d'une assemblée délibérante,
où se rencontre rarement la parfaite harmonie des
opinions et des intérêts. — La suite le montra.

Le Conseil municipal, réuni le 22 août, déclara (1)
que « le rétablissement des portes et la création de
« nouveaux travaux de défense resteraient à la
« charge du budget de la guerre, parce que ces
« dépenses paraissaient plus particulièrement né-
« cessitées par des considérations d'intérêt stratégique
« général que par l'intérêt même de la ville. »

Il demanda ensuite qu'il fût loisible à tout habitant
de la ville et des faubourgs de se faire ouvrir les
portes après s'être fait reconnaître par le préposé
de l'autorité militaire.

On en était là, lorsque le 23 août, on apprit dans
le département la nouvelle marche de Mac-Mahon
vers Montmédy, Rethel et Sedan. Sur les ordres du
ministre de la guerre, le maréchal avait évacué la
veille le camp de Châlons avec les 1er, 5e, 7e et 12e
corps ; il allait essayer d'arriver jusqu'à Metz, afin de
dégager le maréchal Bazaine. Malgré les espérances

(1) Pièce justif., n° 11.

que, dans une note laconique du *Journal Officiel*, le Gouvernement affectait timidement de fonder sur ce mouvement qui devait si vite conduire au plus épouvantable désastre, les inquiétudes étaient profondes aussi bien à Paris que dans les départements du Nord et de l'Est. On connaissait la composition des corps qui allaient avoir à lutter contre des masses considérables et jusque-là victorieuses. Le 12ᵉ corps était presque exclusivement composé de quatrièmes bataillons nouvellement formés et qui ne connaissaient même pas le maniement du nouveau fusil; le 1ᵉʳ et une partie du 5ᵉ corps avaient été fort éprouvés dans leur retraite depuis Frœschwiller et la discipline en avait beaucoup souffert. Aussi le Gouvernement, en face de cette dissolution rapide de l'élément militaire, demandait-il avec instance le concours de l'élément civil et pressait-il de plus en plus ses représentants d'exciter le zèle des populations et d'armer tous les hommes de bonne volonté. Il prévoyait que la tentative du maréchal de Mac-Mahon, même en supposant qu'elle eût quelque succès, ne ferait que retarder une catastrophe désormais inévitable, — l'invasion.

Le même jour 23 août, les préfets des dix-sept départements du Nord recevaient du ministère de

l'intérieur cette courte dépêche chiffrée (1) : « Tenez
« tant que vous pourrez devant l'ennemi, et retardez
« sa marche par tous les moyens possibles. Si vous
« étiez menacé d'être pris, repliez-vous en arrière ;
« laissez aux maires le soin de diriger les popula-
« tions et de soutenir le moral. »

Deux jours plus tard, le 25 août, une autre dépêche analogue était envoyée dans l'Aisne, l'Aube,
la Marne, la Haute-Marne, la Haute-Saône et
l'Yonne (2). On devait avertir les populations pour
qu'elles s'opposassent à la marche de l'ennemi et
qu'elles sauvassent les récoltes.

Ces instructions, pour être efficaces, auraient dû
être accompagnées, ou du moins suivies des préparatifs dont elles faisaient supposer l'urgence. Ainsi,
la vérité sur la citadelle de Laon étant connue,
comment exiger qu'elle attendît un assaut avant de
se rendre, si on ne la mettait même pas dans la
possibilité de le soutenir et d'y résister un seul
instant !... Or, le général tenu, d'après les règlements, d'adresser chaque jour au ministre de la
guerre un rapport sur l'état du matériel et du
personnel de la place, n'avait jamais manqué à
cette obligation. Le préfet, de son côté, avait in-

(1) Pièce justif., n° 12.
(2) Ibid., n° 13.

formé à diverses reprises le ministère de l'intérieur de la situation réelle du pays. A son avis, on ne pouvait songer à lui demander qu'une chose : — se défendre contre les coureurs ennemis; empêcher les reconnaissances effrontées des uhlans et entraver ainsi, dans une certaine mesure, la marche de l'ennemi, afin que Paris eût le temps d'achever les immenses préparatifs qui s'y faisaient avec une fiévreuse activité.

Il était assez difficile, cependant, de concilier avec l'énergie que l'on attendait des préfets la recommandation qu'on leur adressait et qu'on répéta plusieurs fois, sans peut-être en mesurer toute la portée, de se replier en arrière s'ils étaient menacés d'être pris, et de remettre aux maires la direction des populations et le soin de relever leur moral (1). Il y avait là une sorte d'abdication de l'autorité dont les effets n'étaient douteux pour personne et qui fut loin, du reste, d'être mise en pratique par le plus grand nombre des fonctionnaires. Le chef du parquet de Laon (2), en particulier, consultant son chef hiérarchique, le procureur-général d'Amiens (3), en

(1) Pièces justif., nᵒˢ 12, 17 et 26.
(2) M. Soret de Boisbrunet, aujourd'hui avocat-général à la Cour d'appel de Caen.
(3) M. Talandier, aujourd'hui (juin 1877) secrétaire-général du ministère de la justice.

reçut, le 28 août, la réponse que nul magistrat ne devait abandonner son siége que sur des ordres formels dont rien ne lui faisait supposer l'envoi.

Au milieu de ces perplexités, le sentiment du devoir était la seule force qui soutînt et qui guidât les préfets ainsi laissés à leurs propres inspirations, tout en demeurant responsables, vis-à-vis de leurs administrés et vis-à-vis du pouvoir, d'événements qu'ils étaient impuissants à prévoir et de malheurs qu'il ne leur était pas donné de conjurer.

Et le temps pressait et les événements se précipitaient de plus en plus. Le 27 août, vers huit heures du matin, le sous-préfet de Château-Thierry annonçait, par une dépêche, que l'armée du prince royal de Prusse occupait Châlons et prenait la direction de Reims et d'Epernay (1). Deux heures plus tard, le sous-préfet de Reims signalait le passage du même personnage et du prince Albert à Mourmelon, et la présence de nombreuses reconnaissances prussiennes dans les environs du chef-lieu de son arrondissement, au nord et à l'est (2).

Le même jour, à onze heures et demie du soir (3), le préfet transmit ces nouvelles au ministre de l'in-

(1) Pièce justif., n° 14.
(2)    Ibid.    n° 15.
(3)    Ibid.    n° 16.

térieur, en ajoutant qu'il lui paraissait probable que l'ennemi allait paraître devant Laon et Soissons; qu'à Laon on hâtait les dispositions propres à mettre la ville « à l'abri d'un coup de main de cavalerie »; mais que toute la force armée y consistait « dans un « bataillon de mobiles non encore exercés au feu, « sans un homme d'artillerie ni d'infanterie (1). »

Malgré les émissaires envoyés de tous les côtés, aucune nouvelle ni de Mac-Mahon ni de Bazaine n'avait pu pénétrer à travers les lignes prussiennes, qui s'étendaient avec l'irrésistible puissance d'un torrent, et qui allaient, peut-être, entourer et anéantir les derniers débris de notre armée régulière, notre dernier espoir.

Les ministres de la guerre et de l'intérieur répondirent, le 28 août, par deux télégrammes, à la dernière communication de la préfecture. La dépêche du ministre de l'intérieur était courte : « Défendez-« vous à outrance contre les coureurs ennemis (2). »

La France en était arrivée à cet instant terrible, où il n'est pas encore permis à un peuple de désespérer, même en face du plus imminent péril; mais où il doit concentrer tout ce qu'il possède de force de résistance et ne plus rien voir que l'ennemi

(1) Pièce justif., n° 16.
(2)    Ibid.    n°ˢ 17 et 18.

qui va devenir son maître, s'il recule et plie. Le chef de l'état avait cédé le commandement de l'armée. Il s'effaçait, avec sa fortune si subitement écroulée, devant cet intérêt suprême qui dominait tous les autres.

La presse hostile à l'Empire ne se plaça pas à ce point de vue. Au lieu de s'élever, ne fût-ce que pour un temps, au-dessus de l'esprit de parti et des misérables calculs de la politique, elle semblait se donner à tâche d'allumer la discorde, de raviver les haines, d'ouvrir la voie aux rancunes.

A la Chambre, l'opposition, sous les regards d'une majorité muette et sans ressort, poursuivait, harcelait de ses interpellations, de ses propositions, de ses récriminations les plus inopportunes, le Gouvernement déjà chargé du fardeau écrasant de sa responsabilité, de sa tâche et de ses incertitudes. En lisant les comptes-rendus des séances de ces tristes jours, on arrive à se demander si quelqu'un y pensait sincèrement à la patrie ; — ce mot était à peine prononcé ; il était vieilli ; — et si chacun n'y songeait point simplement à faire profiter son parti et soi-même de la catastrophe qui s'approchait !.....

Le Ministère, l'histoire impartiale lui rendra cette justice, avait conservé plus de sang-froid. Il luttait avec courage, sinon toujours avec succès, contre les obstacles de tous genres qui se dressaient devant lui. Il avait levé un grand nombre de régiments de marche; à défaut de la qualité qui ne s'improvise pas, il essayait d'obtenir la quantité qui était bien impuissante hélas! devant les nouveaux et terribles engins de guerre que la Prusse avait, à loisir, entassés dans ses arsenaux, et dont elle foudroyait à distance et en sécurité nos bataillons récemment formés et nos villes désarmées. L'approvisionnement de Paris se faisait avec une activité remarquable. Le Conseil privé s'efforçait, en même temps, de communiquer au pays l'élan qui lui manquait, et d'inspirer aux fonctionnaires l'esprit de dévouement si nécessaire dans la crise que le pays traversait. Il trouvait que les préfets en général ne répondaient pas complètement, sous ce rapport, à ce que le Gouvernement était en droit d'attendre d'eux, après les avantages dont ils avaient joui à son service depuis vingt années. Il paraît même que l'un des membres du Conseil, l'amiral Rigault de Genouilly, propriétaire dans l'Aisne, s'était plaint de ce que l'administrateur de ce département ne mettait point assez de zèle à y organiser la défense. Aussi, l'un des amis du préfet, président du Conseil général,

lui écrivit-il de Paris, le 28 août (1) : « De l'énergie,
« de l'énergie, encore de l'énergie ! Voilà ce qu'on
« demande en ce moment à tous les préfets, et
« notamment au préfet de l'Aisne. Je sors du Con-
« seil privé et n'ai que le temps de vous serrer la
« main. » Signé : DROUYN DE L'HUYS.

Ce fut sous l'influence de ces pressantes instructions et dans la pensée de remplir les obligations
de sa charge que M. Ferrand, ce même jour 28
août, adressa deux proclamations, l'une aux habitants de Laon, que signa le général Théremin et
que refusa de signer le maire de la ville ; et l'autre
aux sous-préfets, maires et commandants de la
garde nationale et des sapeurs-pompiers du département (2). Dans la première, il annonçait que Laon
était en mesure de rendre les services « que ses
ressources et sa situation comportaient, » c'est-à-dire
de repousser un coup de main de cavalerie ; et il
ajoutait qu'il espérait que la ville chef-lieu « serait
« prête à tous les devoirs et digne de ses annales et
« de notre chère patrie. » Dans la seconde, après
avoir rappelé que l'ennemi avait paru dans les départements voisins, et que le département lui-même

(1) Pièce justif., n° 19.
(2)     Ibid.    n°s 20 et 21.

pouvait bientôt, à son tour, « être exposé à des
« incursions de coureurs et de partis de cavalerie »,
il engageait les fonctionnaires de tous les ordres à
se préparer à défendre « leurs foyers, leur honneur
« et la patrie. » Il indiquait en quelques mots, qui
semblaient empruntés au mémorable manifeste de
Frédéric-Guillaume, dont nous avons reproduit plusieurs articles, quels services les gardes nationaux,
les sapeurs-pompiers et les francs-tireurs pouvaient
rendre en signalant et en retardant la marche de
l'ennemi par tous les moyens en leur pouvoir ; et il
terminait son patriotique appel en disant : « Le
« chef-lieu du département donnera l'exemple ; il
« est prêt. L'ennemi se brisera devant l'énergie et
« le patriotisme de tous. Il n'est pas d'épreuves
« qu'un peuple viril ne puisse surmonter. »

Ces deux proclamations causèrent une assez vive
impression ; mais dans deux sens très-opposés.
Reproduites par le *Journal Officiel* et par la majeure
partie des feuilles de Paris et des provinces, elles
furent approuvées sans réserves par les Chambres (1),
par le Gouvernement, par tout ce que la France
comptait heureusement encore d'esprits fermes et
de cœurs généreux. Le ministre de l'intérieur en-

(1) *Journal Officiel*, n° du 31 août.

voya sur-le-champ au préfet ce simple télégramme (1) : « Bravo, c'est ainsi qu'il faut agir. »
Et, dans la correspondance autographiée , à la suite
du compte-rendu des résultats déjà obtenus pour
la réorganisation de l'armée, il prescrivit, « pour
« honorer le courage civique , de mettre à l'ordre
« du jour de l'administration française la circulaire
« du préfet de l'Aisne (2). »

De tous les points du territoire, des lettres ap-
portèrent à l'auteur des éloges qu'à coup sûr il ne
recherchait pas, car il avait la conviction de n'avoir
fait que son devoir de fonctionnaire fidèle et de
bon citoyen. Était-il seul, d'ailleurs, à l'avoir ac-
compli et avait-il dit autre chose que ce qui était
répété par toutes les voix de la presse? Dès le
9 août, le *Journal Officiel* avait publié une circulaire
du préfet de l'Oise, dans laquelle il appelait aux
armes tous ses administrés capables de tenir un
fusil, et leur déclarait qu'il était prêt à marcher avec
eux contre l'ennemi. Le Gouvernement lui-même
ne tenait pas un langage moins patriotique (3),
et, dans plusieurs des départements menacés, les

(1) Pièce justif., n° 27.
(2) Ibid., n° 28.
(3) *Journal Officiel*, n°ˢ du 9 août, du 1ᵉʳ septembre.

préfets s'empressèrent de l'adopter (1). Et puis, si l'on tient compte des circonstances au milieu desquelles on était, en pouvait-il être autrement ? Était-ce donc avec le froid raisonnement; était-ce en montrant, avec la tranquillité d'un professeur de géométrie dans sa chaire, que la France affaiblie, désorganisée, impuissante, manquant de tout, n'avait qu'à se courber sous le sabre de son vainqueur et, docilement, lui livrer ses champs, ses villes, ses armes et ses enfants ; — était-ce par ce moyen qu'on espérait relever les courages, évoquer nos grands souvenirs et réveiller les nobles sentiments ?.. Oui, sans doute, nous l'avons vu, il s'était rencontré des hommes honorés de fonctions publiques, qui avaient éprouvé cette défaillance ; mais qui donc eût consenti à les imiter, ou qui, ayant eu la faiblesse malheureuse de suivre leur exemple, oserait s'en vanter aujourd'hui ?

A côté de ces appréciations, que l'on peut dire unanimes, il y en eut cependant quelques autres d'une nature différente. Les circulaires du préfet, approuvées partout ailleurs, rencontrèrent un petit

_____

(1) Les préfets de l'Aube et de Seine-et-Marne, entre autres (*Journal des Débats*, n° du 4 sept., et les autres journaux de la même date).

groupe de critiques dans le chef-lieu même du
département. Quelques propriétaires, amis de la
paix, plus préoccupés du salut de leurs maisons et
de leur mobilier que d'intérêts qu'ils ne com-
prenaient pas, puisqu'ils ne les touchaient pas,
s'émurent très-vivement à l'idée d'être exposés aux
représailles prussiennes. Ils allèrent jusqu'à feindre
de croire que les paroles du chef de l'administration
dont, bien entendu, ils détournaient le sens exact
et la portée, produiraient un effet contraire à celui
qu'il en attendait, et, au lieu de relever le moral de
la population, jetteraient partout la terreur. Ils ne
furent pas loin de regarder comme un acte patriotique de railler ses dignes efforts, au moment
précis où les villes voisines : — La Fère, St-Quentin,
Soissons, Amiens, Péronne, etc., se préparaient à
remplir noblement leur devoir (1).

Ces sentiments, heureusement, étaient loin d'être
partagés par la majorité des habitants; le préfet
trouva autour de lui et dans toutes les classes, des
encouragements à persévérer dans la mission qu'il
avait entreprise à l'honneur du pays.

Le jour même où paraissaient les deux proclama-

(1) *Journal de l'Aisne*, n° du 18 mars 1871.

tions dont nous avons parlé, le 28 août, le Conseil municipal de Laon fut de nouveau convoqué. Il se constitua en une sorte de conseil de guerre ; et, « après s'être éclairé de la manière la plus com- « plète, porte le procès-verbal (1), sur l'état de la « citadelle et sur l'insuffisance bien avérée des « moyens jusqu'alors pris par l'autorité militaire « pour la défense de la ville, » il décida qu'une commission composée de six membres se trans- porterait chez le général et lui exposerait : 1° « que « la ville, pénétrée du sentiment de ses devoirs « civiques et de sa dignité, avait toujours été « fermement résolue à se défendre contre un « coup de main, et qu'elle s'était empressée de « donner son concours aux mesures adoptées dans « ce but » ; et 2° qu'en cas de siège, la ville était encore prête à tous les sacrifices ; si, de son côté, l'autorité militaire se mettait en mesure d'établir des redoutes sur le plateau et de fournir la garnison et l'artillerie nécessaires, et qu'en l'ab- sence de ces dispositions le Conseil considérait « comme *son premier devoir de rester neutre* et de « laisser au Conseil de défense toute la responsa- « bilité de ses actes. »

(1) Pièce justif., n° 22.

Sans vouloir autrement insister sur la portée et sur l'opportunité de cette résolution, nous nous bornerons à faire observer que, quant au premier point, le Conseil municipal paraissait ne plus se souvenir de sa récente délibération du 22, par laquelle il refusait de concourir avec les deniers de la ville aux quelques travaux de défense jugés indispensables par l'autorité compétente ; — et, quant au second point, qu'il se servait, dans son procès-verbal, d'une expression qui rendait évidemment mal sa pensée ; car, dans le péril suprême que courait la France, *rester neutre*, loin d'être l'accomplissement du *premier devoir*, en était l'oubli le plus absolu et le plus manifeste. — C'était bien gratuitement aussi que le même conseil déclarait laisser au Comité de défense toute la responsabilité de ses actes ; puisque ce Comité n'avait jamais prétendu ni déplacer cette responsabilité, qui lui incombait légalement, ni s'y soustraire, et qu'il lui était impossible de comprendre qu'il y eût pour un pays envahi par l'ennemi un autre intérêt que celui de la défense commune et du salut commun.

Quoi qu'il en soit, la commission désignée se transporta, le 29 août, chez le général et lui remit officiellement une copie de la délibération de la veille, afin que l'exécution en fût rigoureusement

3

constatée. De tout quoi il fut dressé procès-
verbal (1).

Cette dernière démarche blessa et affligea profondément le général Théremin, dont l'âge et les
honorables services devaient inspirer la réserve et
le respect, et qui n'avait peut-être à se reprocher
qu'une modération excessive. L'état de siége, en
effet, lui donnait le droit indiscutable de commander et d'être obéi, et son tort était de souffrir
qu'un corps délibérant s'occupât d'une question
exclusivement militaire; mais la confusion et l'indiscipline se glissaient partout, dissolvaient tout,
et l'invasion avançait toujours, s'étendait sans relâche et débordait de toutes parts.

Dans cet entre-temps, deux articles communiqués
furent insérés dans les journaux de la localité (nᵒˢ des
31 août et 1ᵉʳ septembre) (2); ils avaient pour objet
de mettre le public au courant des mesures prises par
l'autorité supérieure et de servir, en quelque sorte,
de commentaire à la circulaire du 28 août. Des
hommes de dévouement et d'énergie avaient été
envoyés sur tous les points du département, afin
de s'entendre avec les conseillers généraux et d'arrondissement, les maires, les commandants, etc.

(1) Pièce justif., nᵒ 28.
(2)     Ibid.     nᵒˢ 29 et 30.

En même temps, des gardes mobiles déguisés, des
gardes champêtres, des cantonniers, de courageux
ouvriers, recueillaient des renseignements dans les
campagnes et les rapportaient au chef-lieu. Il s'a-
gissait d'organiser la résistance aux uhlans, de
surveiller la marche de l'armée ennemie, sans
engager de luttes contre ses masses, d'entreprendre,
en un mot, suivant les termes exprès du communiqué, une guerre de *guerillas*, où tous les hommes
de cœur pouvaient faire ce qu'avaient fait naguère
les Espagnols, les Russes et les Prussiens eux-mêmes.
— Le préfet de l'Aisne ne croyait pas les Français
au-dessous de ces trois peuples !...

On reconnut bientôt l'utilité de cette organisation,
qui manquait en tant de lieux et dont l'absence fut, pour
notre armée, la cause de nombreuses défaites. Ce fut
grâce à elle, en particulier, que, quelques jours plus
tard, le général Vinoy put être exactement renseigné
sur la position du corps allemand qui le poursuivait
dans son habile retraite sur Paris (1).

Mais au moment où paraissaient les articles dont
il s'agit, un télégramme parvenait à neuf heures du
soir, le 30 août, à la préfecture, et y apportait un
nouvel embarras. Le Gouvernement prescrivait aux

(1) *Le Siège de Paris* (sup. cit.), p. 92.

préfets de faire partir immédiatement pour Paris
tous les sapeurs-pompiers du département.

On comprit difficilement cette mesure ; elle sembla
peu opportune et ne pouvait être que le résultat
d'une méprise. N'enlevait-elle pas aux localités de
quelque importance, sur le point d'être envahies,
leur meilleur élément de résistance, et ne les mettait-
elle pas, dès lors, dans l'impossibilité d'obéir aux
prescriptions du Gouvernement lui-même. A Laon,
il n'y eut que trois hommes et le commandant qui se
déclarèrent prêts à partir. Les autres demandèrent la
raison d'un pareil expédient et pourquoi on s'adressait aux sapeurs-pompiers, ouvriers pauvres et
pères de famille pour la plupart, plutôt qu'aux
citoyens de la garde nationale plus nombreux, plus
indépendants et plus riches. Le préfet songea bien
à tenter une démarche auprès de ces derniers ; mais
le maire et le commandant l'en détournèrent. Les
habitants entendaient rester dans leur ville et en
défendre les remparts. Dans les autres arrondissements, à St-Quentin, à Vervins, à Vouilly, à Neuilly
et dans beaucoup d'autres petits centres, il n'en fut
pas tout à fait ainsi ; les pompiers se mirent en
route sans aucune hésitation.

C'était au milieu de la nuit que cet ordre inat-
tendu avait été reçu par les brigades de gen-

darmerie et transmis sur-le-champ aux mairies. On imagine facilement l'effet déplorable qu'il produisit. Les bruits les plus sinistres se répandirent dans les campagnes avec cette inexplicable rapidité des mauvaises nouvelles et en grossissant comme une avalanche : — Paris était en pleine révolution ; on s'y égorgeait ; les troupes étaient anéanties ; le Gouvernement renversé jetait son suprême cri d'alarme. Dans plusieurs communes, on sonna le tocsin, on battit la générale ; les femmes s'opposaient au départ de leurs maris et se lamentaient tout éplorées.

Des lettres particulières apprirent dès le lendemain qu'à Paris on avait été fort étonné de voir descendre dans les gares des chemins de fer cette affluence soudaine de sapeurs-pompiers, que rien n'expliquait ni ne justifiait. On ne savait que faire de tous ces braves gens ; quelques-uns furent employés aux travaux des remparts ; la majeure partie furent logés dans les casernes et se promenèrent en toute liberté ; on leur paya leur solde et, au bout de deux ou trois jours, on les renvoya chez eux.

De tels malentendus, au milieu même de la crise où se débattait le pays, équivalaient presque à une bataille perdue ; car ils brisaient la bonne volonté des populations, compromettaient l'autorité des fonctionnaires, en rendaient l'exercice de plus en plus difficile et fournissaient un aliment et un prétexte à toutes les rumeurs qui circulaient sur les atrocités commises par les envahisseurs. La fuite commença. De Reims, il arriva une foule de personnes qui emplirent les hôtels de Laon, alors que de Laon on fuyait vers des contrées moins immédiatement menacées. A Château-Thierry, l'émigration prit des proportions si considérables que le Conseil municipal décida que les noms de ses membres qui quitteraient leur poste seraient affichés aux portes de l'Hôtel-de-Ville (1).

Le préfet de l'Aisne avait publiquement et nettement déclaré qu'il resterait jusqu'à la fin, et quoi qu'il arrivât, au milieu de ses administrés. Beaucoup de ces derniers lui demandant des armes, il venait de recevoir, ainsi que son collègue de la Somme, l'autorisation d'envoyer chercher à Bayonne 2,500 fusils rayés pour la garde sédentaire (2). Les travaux prescrits par le Comité de défense avaient été à peu près terminés; ils suffisaient d'ailleurs, en l'état, pour repousser un coup

(1) *Journal de l'Aisne*, n° du 19 mars 1871.
(2) Pièce justif., n° 31.

de main; et c'était là, nous le répétons, tout ce qu'on pouvait songer à entreprendre.

Cependant le ministre de la guerre, informé de l'attitude peu active des départements du nord qu'il attribuait au défaut de zèle des fonctionnaires civils, adressa, le dernier jour du mois d'août, au général de Liniers, qui commandait à Reims la 4ᵉ division militaire, une dépêche menaçante pour les préfets, sous-préfets et maires : « Prévenez ces fonctionnaires, « disait-il, que je n'hésiterai pas à faire traduire « devant un Conseil de guerre ceux d'entre eux, « à quelque degré de la hiérarchie qu'ils appar- « tiennent, qui montreront de la faiblesse dans « l'exécution des ordres que j'ai donnés; il y va du « salut du pays (1). »

Le général de Liniers transmit cette dépêche et y joignit une proclamation qui fut publiée et affichée le 2 septembre (2). Il y faisait appel au dévouement de tous les fonctionnaires; — il leur appartenait par leur exemple, par leur parole, d'entraîner les populations à la défense du territoire envahi; — ce n'était que par l'union de tous les efforts qu'on triompherait d'un ennemi qui ravageait tout et avait violé cent fois les droits des peuples civilisés;

(1) Pièce justif., nᵒ 37.
(2)    Ibid.    nᵒ 38.

— chacun devait repousser la crainte des représailles comme un sentiment lâche et pusillanime ; chacun devait s'armer pour le salut du pays.....

Était-il encore temps ?.......

II.

Depuis le 31 août, le chemin de fer transportait à grande vitesse les troupes du 13e corps d'armée nouvellement formé sous Paris, et dont le commandement avait été confié, par le décret du 12 du même mois, au général Vinoy. Ce corps allait rejoindre le maréchal de Mac-Mahon, que l'on supposait engagé contre des masses allemandes considérables. Tout à coup, dans la nuit du 2 septembre, une dépêche du ministre de la guerre prescrivit à tous les chefs de gares de la ligne de faire rétrograder sur Laon tous les trains en marche sur Hirson. Le télégramme, plusieurs fois répété, se terminait par ces mots : « Il y va du salut d'un « corps d'armée. »

Quel nouveau désastre était donc survenu ? De divers points de la ligne on télégraphiait que les trains, conformément à l'ordre reçu, rétrogradaient ; qu'ils ne contenaient que la division du général de

Maud'huy, et que cette division arriverait à Laon vers une heure du soir. D'Hirson, on annonçait que des fuyards paraissaient en grand nombre ; que le 30 août, le corps du général de Failly avait été attaqué et écrasé à Beaumont ; que le 31, une bataille avait été livrée autour de Sedan ; que le lendemain 1er septembre, notre armée avait eu à lutter contre des forces supérieures ; qu'elle semblait en grand péril et près d'être enveloppée... Diverses dépêches, envoyées de Mézières au ministre de la guerre par des officiers généraux, confirmaient ces nouvelles, mais sans les préciser davantage.

L'inquiétude devint extrême. D'après l'un des journaux de la localité, d'effrayants récits sur les excès commis par les Prussiens répandirent partout l'épouvante et « y jetèrent les germes de la prochaine « panique (1). » D'après un autre (2), « la ville de « Laon sentant grandir son patriotisme avec le dan- « ger, n'eut qu'un cri, et ce cri fut pour la résis- « tance. C'est alors que tout citoyen qui n'avait pas « encore d'armes s'empressa d'aller en réclamer à « l'Hôtel-de-Ville. Jamais peut-être cité, même

(1) *Journal de l'Aisne*, n° du 18 mars 1871.
(2) *Courrier de l'Aisne*, n° du 9 au 18 septembre 1870. *Conf.*, pièce justif., n° 32 et nos 2, 3 et 4.

« sérieusement préparée, ne fut agitée d'un pareil
« frisson au souffle du patriotisme. »

Pour répondre à cette double disposition des
esprits, dont le contraste était cependant beaucoup
moins accusé qu'il ne semblerait ressortir des deux
récits des journalistes, l'autorité administrative, par
un communiqué, rassura la population sur l'attitude,
moins troublée aussi qu'on ne le disait, des cantons
qui touchaient au département des Ardennes; et,
en même temps, demanda des armes à Paris avec
de nouvelles instances.

Le lendemain, 3 septembre, on répondit du
cabinet du ministre de l'intérieur qu'il « n'y avait
« plus un fusil à envoyer (1). »

Le commandant du génie du 13ᵉ corps, le colonel
Dupouët était arrivé à Laon dans la journée du
2 septembre (2), annonçant qu'il était envoyé par
le général Vinoy pour préparer à l'armée en retraite
une position de défense sous les murs de la ville. Il
ne connaissait rien de certain sur l'étendue de nos
derniers désastres, mais il en supposait et en
redoutait d'extrêmes.

A une heure et demie de l'après-midi, la division

(1) Pièce justif., nº 46.
(2)   Ibid.   nº 33.

de Maud'huy commença à descendre des convois qui l'amenaient par fractions à la gare de Laon (1). Les manœuvres de la voie ferrée et celles des troupes s'exécutaient avec peu d'ordre et de célérité. Les trains de voyageurs se confondaient avec les trains militaires ; le personnel des employés ne savait auquel entendre ; — chacun réclamant, protestant, voulant commander. Ce spectacle montrait une fois de plus combien nous avions à apprendre et combien nous avions à réformer. Jusqu'à la terrible épreuve que nous subissions, nous ne paraissions pas nous être doutés du rôle important que joueraient désormais dans la guerre les nouveaux moyens de transport et la préparation méthodique des hommes, jusque dans les détails les plus infimes et les plus insignifiants en apparence.

Ce fut vers six heures du soir que la division put, enfin, dresser ses bivouacs sur le plateau, et l'état-major prendre quelque repos. D'après les renseignements qui furent apportés, le mouvement de retraite du 13ᵉ corps s'opérait dans des conditions favorables, quoiqu'il fût encore exposé à bien des dangers, que la vigilance et l'habileté de son chef pouvaient seuls lui faire éviter.

On attendait à chaque minute que le télégraphe

(1) Pièce justif., nᵒ 34.

apportât quelque soulagement aux angoisses de l'incertitude qui oppressaient tout le monde. Des groupes d'habitants allaient et venaient sur la place de l'Hôtel-de-Ville ; d'autres y stationnaient. A la préfecture, les autorités civiles et militaires étaient en permanence. Depuis plusieurs heures le télégraphe restait muet. Vers onze heures, la dépêche suivante, expédiée par le sous-préfet de Vervins, fut remise au préfet : « Le général de La Mortière arrive. Corps « de Mac-Mahon défait sous Sedan. Maréchal blessé « grièvement. L'empereur peut-être prisonnier (1). » On apprenait au même instant qu'un parti ennemi de 300 chevaux avait paru dans le canton de Rozoy-sur-Serres, sur les limites du département, vers Mézières (2).

Il n'y avait plus à douter. La réalité dépassait ce que, quelques jours auparavant, les imaginations les plus alarmées auraient à peine osé concevoir. Du reste, aucune communication du Gouvernement sur les événements qui venaient de s'accomplir !... Mais quels que fussent ces événements, la ligne de conduite des représentants du pouvoir leur était nettement tracée par toutes les instructions antérieures ; moins que jamais, il ne leur était permis de s'en

(1) Pièce justif., nᵒ 35.
(2)    Ibid.    nᵒ 36.

écarter. Il fallait, soit qu'on luttât jusqu'au bout, soit qu'on inclinât vers une négociation, rester debout, armés, résolus, prêts à tous les sacrifices. C'était encore le moyen le plus sûr, et, en tout cas, le seul honorable, d'obtenir des conditions dignes d'un grand peuple, qui peut être vaincu par la force des armes, mais qui doit toujours rester plus fort que la mauvaise fortune.

Le colonel Dupouët prescrivit quelques travaux de défense autour de la ville pour le cas où le corps du général Vinoy y viendrait prendre un abri ou un repos, et se préoccupa de la question d'alimentation. Une note fut demandée au maire sur les approvisionnements en pain et en viande qui étaient déjà faits ou qui pouvaient l'être dans un bref délai. Sous ce rapport, la situation parut satisfaisante. Depuis deux jours, 1,500 sacs de blé étaient entrés dans les murs de Laon, et il ne cessait d'en arriver. Chez les boulangers et chez les particuliers, la quantité de farine s'élevait à 3,000 quintaux environ et augmentait à chaque instant. Les boulangers de la ville, abstraction faite de la manutention, pouvaient livrer 10,000 kilogrammes de pain par vingt-quatre heures. Quant à la viande, la municipalité en avait assuré à la consommation une quantité suffisante, en invitant les cultivateurs à amener le plus grand nombre possible de bestiaux, que l'on prenait le soin de mettre à couvert ou de parquer immédiatement après leur arrivée (1).

De nouveaux émissaires furent chargés d'aller vérifier les renseignements déjà parvenus et recommandation fut faite, dans les cantons, d'entretenir le service d'éclaireurs volontaires qui y avait été organisé.

De Mézières et d'Hirson, il survint plusieurs officiers supérieurs qui, sur le bruit que l'armée se rallierait à Laon, y venaient offrir leurs services. La plupart épuisés de fatigue, portant sur leur visage l'expression de la douleur, les vêtements en lambeaux, avaient quitté les champs de bataille du 31 août et du 1er septembre. Ils ignoraient le dernier dénouement. Ils ignoraient aussi ce qu'étaient devenus le général Vinoy et ses troupes. Le colonel Dupouët savait que pour échapper à l'ennemi déjà en forces autour de Mézières, le général avait feint de s'enfermer dans cette ville le 1er septembre et d'y préparer la résistance; puis, qu'à dix heures du soir, il en était sorti, avait pris la direction de Sedan et, à une certaine distance, s'était rejeté sur la gauche par les chemins de traverse, pour se rabattre sur Laon qu'il avait le dessein de gagner en

(1) Pièce justif., n° 40.

diligence ; que ses convois avaient réussi à le suivre et à le rejoindre ; mais qu'il avait peu de munitions.

L'officier de mobiles envoyé le 2 septembre dans la direction de Rozoy, en rapporta, le 3 au matin, la nouvelle qu'un corps de 10,000 Prussiens campés à Écly, avait occupé Rethel ; qu'un corps de cavalerie française avait été vu à Any, à une petite distance d'Hirson, et qu'un autre corps d'infanterie, français aussi, se repliait sur ce dernier bourg. Ces troupes appartenaient-elles au 13e corps ? On ne le savait pas positivement ; et les exprès revenus des divers autres points n'y avaient pas recueilli de plus amples renseignements (1). Ce fut seulement le soir de ce même jour, 3 septembre, que le préfet de Mézières télégraphia le départ du général Vinoy ; ce départ avait eu lieu à une heure du matin ; mais le général n'avait, bien entendu, fait connaître ses vraies intentions à personne (2).

Presque à la même heure ( six heures un quart du soir), on reçut une dépêche du juge de paix d'Hirson (3), qui annonçait l'arrivée à la gare du chemin de fer du général de Bernis, ainsi que d'une masse considérable de troupes, évaluées à 25,000

(1) Pièces justif., nos 41 et 47.
(2)   Ibid.   no 48.
(3)   Ibid.   no 49.

hommes, infanterie et cavalerie, dont le défilé, commencé le 2 septembre, à deux heures de l'après-midi, se continuait avec de rares interruptions. Elles étaient suivies de nombreux fuyards échelonnés sur la route. On supposait que le général Vinoy, avec de faibles forces, marchait vers Reims (1).

D'un autre côté, la présence à Rethel du corps prussien de 10,000 hommes, — infanterie, cavalerie et artillerie, — était confirmée, de Guignicourt, par le capitaine Bouxin. Une compagnie du génie, détachée de ce corps, avait été laissée à Château-Porcien (Ardennes), dans le but, on le craignait, de miner et de faire sauter les ponts de Balham et d'Asfeld, sur l'Aisne (2).

L'ennemi approchait donc de plus en plus; il n'était maintenant qu'à quelques lieues du chef-lieu du département.

A huit heures du soir, arrivèrent enfin, expédiés à un quart-d'heure d'intervalle l'un de l'autre, deux télégrammes (3) du ministère de l'intérieur. Par le premier, en annonçant que l'armée avait subi un grand revers à Sedan, le ministre rappelait que « les peuples qui s'abandonnent méritent le mépris

(1) Pièce justif., nº 50.
(2) Ibid. nº 51.
(3) Ibid. nºˢ 52 et 53.

« de l'histoire ; » et par le second, il prescrivait aux
préfets « de gagner l'ennemi de vitesse, de couper
« les routes, les ponts, les écluses devant lui, » afin
de retarder sa marche sur Paris.

Mais ce qu'il importait surtout de savoir, c'était
ce que le général Vinoy était devenu depuis son
départ de Mézières, avec la partie du 13e corps qui
l'accompagnait. Ce corps, qui était le seul intact
et tout formé qui restât à la France, allait être
l'élément principal et essentiel de la défense de
son dernier boulevard. — On l'apprit à Laon le 4
septembre au matin. Un capitaine de la garde mobile, l'un des émissaires délégués chaque jour par
le préfet, était parvenu, sous un déguisement, à
rencontrer le général à Montcornet, la veille dans la
journée ; il put repartir le soir pour le chef-lieu, où
il rentra pendant la nuit (1). La route était donc
encore libre. Il y avait avec Vinoy une division d'infanterie, un régiment de cavalerie et une artillerie
assez nombreuse ; le tout se dirigeant sur Marle,
l'une des stations du chemin de fer d'Hirson à Laon,
était à peu près au complet, mais brisé par la
fatigue.

Cette nouvelle rendait d'autant plus urgents les

(1) *Le Siége de Paris*, par le général Vinoy, p. 82, et pièce
justif., n° 59.

4

quelques travaux de défense que le colonel du génie avait jugé nécessaire de faire exécuter à Laon. Une dépêche reçue par le général de Maud'huy, dans la même matinée du 4 septembre, pour être remise au général Vinoy, demandait à ce dernier s'il ne lui serait pas possible de « faire front et de tenter de « bousculer la tête des colonnes de l'ennemi (1). » Ce fut pour être en mesure de parer à cette éventualité, que le colonel réquisitionna de la mairie des ouvriers et des outils de terrassement qu'on devait réunir et apporter le lendemain, 5 septembre, à la citadelle.

Mais les événements se précipitèrent avec une rapidité croissante. L'invasion étrangère n'était pas un assez terrible fléau ; la révolution vint s'y joindre !....

Pendant la journée du 4, des voyageurs descendant à Laon, à Soissons, à St-Quentin, à Château-Thierry, avaient répandu le bruit que le Gouvernement impérial allait être renversé. Le soir de ce jour, en effet, la circulaire qui annonçait aux préfets, sous-préfets, etc., que la république était de nouveau proclamée, fut expédiée des bureaux télégraphiques de Paris, à 6 heures 47 minutes (2). Le préfet de

(1) *Le Siége de Paris*, et p. 432, n° vii de l'Appendice.
(2) Pièce justif., n° 60.

l'Aisne qui, par hasard, se trouvait dans le bureau
de Laon, installé dans un des bâtiments de la préfecture, la fit copier, imprimer et afficher ( 1 ) ;
puis aussitôt, et sans même sortir de ce bureau,
c'est-à-dire vers 9 heures, il adressa au nouveau
ministre de l'intérieur, M. Gambetta, le télégramme
suivant (2) : « Je reçois votre dépêche annonçant la
« révolution. Je ne puis continuer mes fonctions
« avec honneur. Je vous prie d'agréer ma démis-
« sion. Je confie le service à M. le secrétaire-
« général. Je m'unirai à la municipalité et aux
« habitants de Laon pour la défense du pays et
« le maintien de l'ordre. »

M. Ferrand, en se retirant du pouvoir, se regardait
comme astreint à ne pas se retirer du devoir. Il était
convaincu que, dans le péril suprême qui menaçait
la France, il ne fallait penser qu'à elle ; et, quelle

(1) D'après le journal de l'Aisne (n° du 19 mars 1871), la
dépêche arrivée à Laon, à 4 heures, n'aurait été affichée qu'à
10 heures. C'est là une erreur évidente et sans doute involontaire
des rédacteurs. Le Corps législatif ayant tenu séance jusqu'à
4 heures (voir le *Journal Officiel*), et le Gouvernement nouveau ne
s'étant proclamé à l'Hôtel-de-Ville qu'après que ses membres
eurent quitté le palais Bourbon, il était difficile que sa circulaire parvînt à Laon à 4 heures. Du reste, l'heure de l'expé-
dition indiquée en tête de la dépêche même est une preuve sans
réplique.

(2) Pièces justif., n°ˢ 61 et 62.

que fût la forme présente de son gouvernement, la servir avec loyauté et avec dévouement. En restant à son poste comme un soldat jusqu'à ce qu'un autre vînt l'en relever, alors qu'il lui était loisible de le quitter immédiatement, il ne se faisait aucune illusion sur les inconvénients et même sur les dangers personnels qui pouvaient en résulter pour lui. Il n'ignorait pas les terreurs et les rancunes que son attitude avait soulevées chez quelques personnes peu disposées à lui pardonner jamais de les avoir forcées à trahir leur faiblesse. Il avait appris aussi, par une expérience déjà longue, que la chose à laquelle les hommes veulent croire le moins chez les autres est la droiture de l'intention, la force de la conscience, l'amour désinté-ressé du bien !... Il savait, d'un autre côté, et l'événement le prouva, que l'ennemi non plus ne lui pardonnerait pas d'avoir essayé de réveiller le patriotisme au lieu de l'éteindre ; et que, le jour des représailles prussiennes arrivé, il serait laissé seul en face de la responsabilité qu'il avait assumée pour sauver l'honneur du département dont il était le chef administratif.

Dans la nuit du 5 septembre, à deux heures, le général Vinoy arriva à Laon, venant de Marle et précédant de quelques heures les troupes qu'il était

parvenu, à force d'habileté et de décision, à garantir
depuis Mézières d'une destruction inévitable ; car
rien n'aurait pu les sauver, si le corps prussien lancé
à leur poursuite avait réussi à les atteindre. Le
général fut moins surpris qu'affligé d'apprendre les
deux catastrophes de Sedan et de Paris. Il avait
pu prévoir la première par le rapport de son aide-
de-camp, M. de Sesmaisons, qu'il avait envoyé
vers l'Empereur, pour l'informer de la marche du
13ᵉ corps (1) ; et ce qu'il avait vu à Paris, avant
de s'en éloigner, lui avait fait redouter la seconde.

Une dépêche du ministre de la guerre l'attendait
à Laon depuis la veille au soir ; elle lui ordonnait de
revenir avec son corps d'armée se mettre à la disposition du Gouvernement qui s'établissait (2). Il ne
pouvait donc plus être question d'exécuter les travaux de défense projetés par le génie ; et les réquisitions faites pour la matinée du 5 devenaient sans
objet. L'autorité militaire oublia, paraît-il, au milieu
de ses préoccupations si graves et si multipliées,
d'en prévenir la municipalité qui, dit-on, en fut
froissée et en fit un nouveau grief contre l'autorité

(1) *Le Siège de Paris*, p. 30.
(2) Pièce justif., n° 63.

civile, rendue responsable même de ce qui ne la regardait pas.

Vers quatre heures du soir, le 13e corps tout entier, sauf la division d'Exéa, se trouva réuni sur les terrains qui avoisinent la gare. L'aspect en était attristant. Les uniformes réglementaires de l'état-major avaient à peu près disparu. Sous leur variété de fantaisie, il eût été difficile de distinguer non-seulement les grades, mais encore l'arme à laquelle chacun des officiers appartenait. La même négligence existait dans leur tenue.

Parmi les soldats, le mal était encore plus apparent. On apercevait, chez tous, un air de fatigue, de découragement, de prostration, qui n'était pas, cela était évident, le résultat exclusif d'une marche longue et précipitée. Beaucoup ne se levaient pas, ne s'écartaient pas devant le général en chef; d'autres ne le saluaient pas. De nombreux actes de maraudage avaient été signalés dans les faubourgs; et, un peu plus tard, un convoi de grains et de denrées fut livré au pillage. Ces atteintes profondes à la discipline étaient d'un triste augure et n'expliquaient que trop aisément une partie de nos revers. Le général les attribuait surtout à la présence, dans les rangs, des hommes de vingt-cinq à trente-cinq ans, enlevés subitement et sans aucune préparation militaire à leurs familles et à leurs intérêts, et chez lesquels le sentiment patriotique n'avait été développé ni par l'éducation, ni par des traditions tombées depuis longtemps en désuétude.

La journée du 5 septembre fut employée à reposer les hommes et à régler ce qu'il y aurait à faire dans le cas où une approche de uhlans serait signalée devant la ville, dont la défense allait être laissée à la garde nationale sédentaire, aux sapeurs-pompiers et à la garde mobile. Le général Vinoy, qui, peut-être, ne fut en rapport direct qu'avec une certaine fraction de la population, raconte qu'il « chercha, « pendant les quelques heures qui précédèrent son « départ, à exciter le courage des habitants et à « leur inspirer la volonté de se défendre ; mais ses « efforts échouèrent devant la terreur et l'inertie « générale... On put cependant faire comprendre « à la population qu'elle ne devait se rendre qu'à « un ennemi assez considérable pour que sa capitu- « lation ne fût pas déshonorante (1). » Au point où l'on en était, cela sembla suffisant. Aussi, après en avoir conféré avec le général Théremin et le préfet, le commandant du 13ᵉ corps arrêta-t-il (2) : 1° que

(1) Le *Siége de Paris*, p. 97.

(2) Pièce justif., nᵒ 68. — Conf. *La retraite de Mézières*, par Ch. Yriarte, p. 58.

des cartouches seraient distribuées à la garde
nationale, à la garde mobile, aux pompiers, ainsi
qu'à tous les hommes de bonne volonté ; 2° qu'en
cas d'une approche de uhlans, le rappel serait battu
et la force armée se réunirait d'urgence sur la
place de l'Hôtel-de-Ville ; 3° que les fonctionnaires
se déclareraient en permanence ; 4° que, s'il y avait
lieu, le général s'enfermerait dans la citadelle avec
les forces sous ses ordres.

Il résultait des informations les plus récentes que
des éclaireurs ennemis avaient été vus, dans la direction de Reims, à Loivre et à Guignicourt, mais qu'ils
s'étaient arrêtés au pont du chemin de fer, près
de ce dernier village, où ils avaient eu un léger
engagement avec quelques gardes mobiles (1). A
dix heures du soir, le préfet transmettait ces renseignements à Paris, en annonçant que les opérations
du tirage et de la révision étaient commencées dans
chacun des arrondissements, et que le général Vinoy
n'avait pu encore se mettre en route à cause de
l'insuffisance du matériel de chemin de fer nécessaire
pour les transports (2).

Le lendemain 6 septembre, dès le matin, le dé-

(1) *Le Siége de Paris*, p. 92. — Pièces justif., n°ˢ 63 et 64.
(2) Pièces justif., n°ˢ 65, 67, 69.

part du 13° corps commença ; une partie se dirigeait
par étapes sur La Fère et Tergnier (1). Le commandant en chef informa le préfet qu'il était obligé,
dans l'intérêt de la défense générale et pour donner
à ses troupes le temps de gagner l'ennemi de vitesse,
de faire replier avec lui le personnel et le matériel
de la gare et de détruire une partie de la voie ; il
engagea, en conséquence, ce fonctionnaire à exa-
miner si, en conformité des instructions de son ministre, il ne devait pas quitter Laon, que l'armée
prussienne allait, selon toutes les probabilités, occuper dans un très-bref délai. M. Ferrand répondit
qu'il resterait à la préfecture jusqu'à l'arrivée de son
successeur ; que la citadelle et la ville pouvaient,
d'un instant à l'autre, être attaquées ; que beaucoup d'habitants redoutaient les plus grands dangers ; que l'intérêt public autant que sa propre
considération exigeaient qu'il demeurât avec eux,
même au milieu des Prussiens, et que, ce dernier
cas se réalisant, il enverrait sa famille prendre
asile à l'Hôtel-Dieu (2). Le général comprit et ap-
prouva cette résolution. — Le soir même il était
rentré à Paris, où le 13° corps, intact, le rejoignit
division par division.

(1) Pièce justif., n° 70.
(2)    Ibid.    n° 76.

C'est alors que les difficultés qui déjà avaient assailli le préfet et le général Théremin s'accrurent et prirent un caractère des plus fâcheux.

Il n'y avait plus à Laon d'autre force armée qu'un bataillon de mobiles où régnait déjà un assez grand désarroi. Nous avons rappelé, quelques lignes plus haut, quelles étaient les dispositions d'une partie de la population, d'après l'opinion du général Vinoy ; on imagine facilement ce que devaient produire ces deux éléments de dissolution ainsi rapprochés et se soutenant l'un l'autre. Un certain nombre de mobiles refusèrent d'entrer dans la citadelle et déclarèrent qu'ils voulaient aller à Paris ; d'autres, qui se montraient moins indociles, n'avaient aucune habitude des armes, et n'avaient fait aucun exercice. Qu'espérer avec de tels éléments et dans de telles circonstances, lorsqu'il s'agirait de défendre une place de guerre ? Et pourtant, jusqu'à ce moment, le général avait le devoir strict de ne pas l'abandonner avant d'avoir subi un assaut. D'un autre côté, une partie des membres du Conseil municipal, de plus en plus émus du danger auquel la ville était exposée, redoublaient leurs protestations, s'étaient établis en permanence, et en étaient arrivés à voir presque des ennemis dans les représentants du Gouvernement. Ils leur signifiaient que « la

« France abandonnant Laon, Laon n'avait plus qu'un
« devoir, celui de pourvoir, selon ses moyens, à sa
« propre sécurité (1) »; et ils avaient, en conséquence,
décidé qu'un manifeste conforme à cette résolution
serait publié et affiché. Il ne pouvait évidemment
sortir d'un pareil acte que les conséquences les
plus regrettables : — accroître la terreur panique,
paralyser toute énergie ; jeter, ainsi que l'avait craint
le général Vinoy (2), toute la ville aux pieds du che-
val du premier uhlan qui se présenterait. Le préfet
fit auprès du Conseil les plus pressantes instances
pour qu'il revînt à une appréciation moins précipitée et plus calme de la situation. On l'écouta, et il
put annoncer au ministre de l'intérieur qu'aucune
publication de cette nature ne serait faite (3). Par
un autre télégramme (4), en même temps qu'il
annonçait le départ du 13e corps, il avait fait connaître à Paris la situation vraie de la ville, et il
avait répété « qu'elle ne possédait aucune force; »
que les mobiles à Laon, comme à La Fère, à Guise,
à Villers-Cotterets, ne pouvaient rendre aucun service, et qu'il serait préférable de les appeler à

(1) *Courrier de l'Aisne,* n° sup. cit.
(2) *Le Siége de Paris,* p. 97.
(3) Pièce justif., n° 79.
(4)     Ibid.     n° 74.

Paris, où ils seraient loin de leurs familles et sous-
traits, dès lors, aux influences dissolvantes qui les
entouraient. Il rappelait, en même temps, que « s'il
« était de son honneur de rester pour la défense du
« pays, il était de son honneur aussi que le pays
« n'eût aucun doute sur sa démission. » Le général
adressa, de son côté, une dépêche au ministre de
la guerre, dans laquelle, en le mettant également
au courant des choses, il le priait de lui faire parvenir ses ordres. Il paraît même que le rédacteur du
journal le *Courrier de l'Aisne*, qui sans doute connaissait M. Gambetta, lui écrivit une lettre particu-
lière et lui représenta la situation sous son véritable
jour (1).

M. Gambetta ne répondit pas à son officieux
correspondant; mais il envoya à la préfecture trois
dépêches qui partirent de Paris, l'une à une heure
de l'après-midi, l'autre à 6 heures 40 minutes et
l'autre à 9 heures 13 minutes du soir (6 sept.) (2).
Dans la première, le ministre, ainsi que l'avaient
fait ses prédécesseurs, invitait le préfet à se maintenir à Laon jusqu'au dernier moment et à se
replier dès qu'il craindrait d'être pris, — Dans la

(1) *Courrier de l'Aisne*, n° *sup. cit.*
(2) Pièces justif., n°° 78-81.

seconde, il lui disait : « Restez à votre poste. Vous
« avez toute notre confiance. Le Gouvernement vous
« est reconnaissant de votre noble attitude devant
« l'ennemi », et dans la troisième, il lui prescrivait
d'exécuter les instructions que le ministre de la
guerre allait lui transmettre ; puisqu'en effet, par
l'état de siége, tous. les pouvoirs étaient remis aux
mains de l'autorité militaire.

Dans les campagnes, les craintes étaient vives.
Les populations s'y voyaient absolument aban-
données à elles-mêmes; partout, elles attendaient
avec anxiété l'apparition de l'ennemi. Toutefois, la
conscription et la révision s'étaient faites régulièrement dans la majeure partie des cantons, malgré
les défenses du roi de Prusse, qui punissait cet acte
d'administration, insurrectionnel à ses yeux, de la
peine de mort contre les fonctionnaires qui le com-
mettaient. Mais on éprouvait les plus grandes difficultés à organiser le départ des conscrits; il n'y
avait ni chefs de détachements, ni communications
par les voies ferrées (1).

Le télégramme par lequel le préfet informait le
ministre de ces détails était à peine expédié, qu'une
reconnaissance de 28 uhlans se présenta vers 4 heures,

_____

(1) Pièce justif., n° 75

le 6 septembre, en vue de la ville, s'engagea du
pas le plus tranquille sur la voie d'accès du faubourg
de Vaux, traversa ce faubourg et, arrivée au bas de
la pente qui conduit à la porte de ce nom, lança ses
chevaux au grand trot et arriva jusqu'au bord du
fossé. Il était évident que l'ennemi avait été très-
exactement renseigné sur le départ de la colonne du
général Vinoy tout entière et qu'il espérait, à force
de témérité et par surprise, entrer dans la ville et
y paralyser toute résistance, ainsi qu'il l'avait ailleurs
tenté avec succès. Quelques mobiles, de faction sur
les remparts, aperçurent heureusement ce groupe
audacieux et, sans hésiter, déchargèrent immédiatement leurs fusils dans sa direction. Les uhlans
ripostèrent. Une balle perdue atteignit un mobile
de garde à la porte de Vaux. — Trois cavaliers
furent démontés, saisis par les habitants et amenés
à l'Hôtel-de-Ville. Les autres s'enfuirent au triple
galop de leurs chevaux. Les prisonniers étaient peu
rassurés et croyaient qu'on allait les fusiller; l'un
d'eux se lamentait et faisait entendre qu'il était du
duché de Holstein, marié et père de trois enfants.
On les rassura et on les conduisit à l'Hôtel-Dieu;
ils n'avaient pas reçu la moindre blessure (1). Ils

(1) Pièce justif., n° 80.

furent interrogés et ils répondirent qu'ils appartenaient à un corps de troupes,—infanterie, cavalerie et
artillerie,—qui s'était arrêté à une certaine distance
du côté de Sissonne. On sut ensuite que la reconnaissance s'était repliée à huit kilomètres dans la
même direction (1).

Il n'était plus possible de douter qu'au premier
moment l'armée allemande apparaîtrait. Les ordres
des ministres de la guerre et de l'intérieur étaient de
renfermer les bataillons de mobiles dans les citadelles ; afin d'éviter une désorganisation déjà trop
apparente. Cela fut exécuté ; et le général prescrivit
de fermer désormais les portes de la ville de huit
heures du soir à sept heures du matin. Les angoisses
étaient extrêmes ; il y avait sur tous les points du
département plus d'abattement que de ressort. Les
nouvelles politiques y étaient accueillies avec une
indifférence presque générale. En présence de la
question de vie ou de mort suspendue sur toutes les
têtes, le débat sur une forme de gouvernement ou
sur une autre perdait, on le comprend, considéra-
blement de son intérêt et de son importance. Seul,
le Conseil municipal de St-Quentin vota une adresse
d'adhésion au nouveau Gouvernement ; dans les au-

(1) Pièce justif., n° 83.

tres arrondissements, on attendit (1). Pour beaucoup
ce n'était point un médiocre étonnement de voir, au
moment où l'invasion s'avançait avec ses calamités,
les colonnes du *Journal Officiel* remplies de nomina-
tions de fonctionnaires des ordres administratif et
judiciaire. Il semblait que chacune de nos révolu-
tions, sans exception, avait tenu à nous donner ce
spectacle. Nous y avions assisté en 1815 et en 1830,
en 1848 et en 1852, comme nous y assistions
en 1870, et comme, hélas! nous y assisterons,
peut-être, plus d'une fois encore. Assurément, nous
nous gardons de parler ici politique. La politique n'a
pour nous nul attrait et elle n'a point, d'ailleurs,
accès ici parmi nous. Nous n'avons donc rien à dire
de la révolution du 4 septembre; l'histoire la jugera
avec le reste. Mais ne nous est-il pas permis, au
moins, de nous demander, à un point de vue
purement théorique, si notre époque a su s'élever à la hauteur de celles qui l'ont précédée;
si elle n'a pas manqué de caractère et mollement
cédé à toutes les impulsions, — acceptant l'influence
de la médiocrité présomptueuse, comme d'autres
temps ont subi l'ascendant du talent ou du génie;
se débattant dans de stériles et mesquines querelles;

(1) Pièce justif., n° 84.

substituant partout l'esprit de parti à l'esprit de gouvernement ; et arrivant, enfin, au fond d'une impasse d'où elle ne sait plus ni quand, ni comment elle sortira, et d'où elle peut sortir avec le patriotisme éteint et la patrie affaiblie ou perdue !...

Il était difficile au préfet démissionnaire de l'Aisne de se soustraire à quelques-unes de ces appréhensions, lorsqu'il reçut le télégramme qui l'assurait de la confiance du Gouvernement de la Défense nationale (1). Il y répondit dès le lendemain 7 septembre, au matin (2). En confirmant sa détermination première et en s'adressant au ministre, il lui disait : « Je perdrais l'estime des honnêtes gens, « la vôtre, toute autorité morale, s'il n'était constaté « que j'ai donné ma démission et que je reste en « fonctions pour remplir les devoirs qu'imposent les « circonstances. »

Cela n'empêcha pas que ce jour même il ne parût dans le *Moniteur universel* une prétendue dépêche du même préfet, annonçant « que Laon était en état « complet de défense, et que la République était « acclamée dans tout le département avec enthou- « siasme. »

M. Ferrand protesta immédiatement, par un télé-

(1) Pièce justif., n° 81.
(2)    Ibid.    n° 82.

5

gramme (1), contre cette dépêche apocryphe, et
renouvela ses instances pour que sa démission fût
acceptée et que son successeur fût nommé. Le ministre l'informa, quelques instants après (2), qu'il
avait dévancé sa demande et qu'il approuvait de
nouveau sa conduite.

On en était là, lorsque, dans la soirée du même
jour 7 septembre, vers quatre heures, on aperçut
à l'entrée de la ville un uhlan portant à la main et
agitant un drapeau blanc (3). Un capitaine de mobiles
lui fut envoyé; et le cavalier, après avoir fait connaître sa qualité de parlementaire, fut introduit
dans la citadelle, les yeux bandés. C'était un jeune
officier de 24 à 25 ans, de grade inférieur. Il demanda au général, au nom du roi de Prusse, la
reddition de la citadelle et de la ville. Interrogé sur
les conditions qu'il avait à proposer, il répondit qu'il
n'en accepterait aucune; et comme le préfet, présent
à l'entretien, et sentant l'humiliation et la colère le
serrer à la gorge, lui faisait observer qu'il ne
paraissait pas porteur de pouvoirs réguliers, il re-
partit avec hauteur qu'officier prussien il n'en avait

(1) Pièce justif , n° 87.
(2)    Ibid.    n° 89.
(3)    Ibid.    n° 91.

pas besoin et qu'on devait croire à sa parole. Le général, en proie à une émotion poignante, ajourna sa réponse au lendemain, à quatre heures du soir, et fit reconduire le jeune parlementaire aux portes de la ville.

Restés seuls, les deux chefs civil et militaire examinèrent quelle était la conduite à tenir. Ce fut à ce moment, et à ce moment seulement, que le général communiqua au préfet une dépêche qu'il avait reçue du ministre de la guerre, le matin même, et par laquelle il lui était enjoint, dans le cas où Laon serait menacé par des forces supérieures, de se retirer sur Soissons avec ce qui lui resterait de troupes. M. Ferrand engagea très-fortement le général à exécuter sans délai cette retraite; il n'y avait, selon lui, dans les conditions où l'on se trouvait, aucun autre parti à prendre; et s'il eût été suivi, de pénibles scènes et un très-grand malheur eussent été épargnés aux administrateurs et aux administrés.

Malheureusement, et on ne peut en savoir nul mauvais gré à sa mémoire, le général cédant aux scrupules militaires les plus respectables, ne crut pas pouvoir évacuer la citadelle dont la garde lui était confiée, sans informer son supérieur hiérarchique de la sommation qu'il avait reçue de l'ennemi. Il télégraphia donc à Paris qu'au moment de commencer son mouvement de retraite sur Soissons, un parlementaire s'était présenté et avait réclamé la reddition de la place sans conditions, et qu'il attendait les ordres du ministre.

Deux heures plus tard, la réponse parvenait à la préfecture et fut portée à la citadelle par le préfet lui-même ; — elle était ainsi conçue : « Je ne com-« prends pas votre télégramme ; vous devez tenir « jusqu'à votre dernier biscuit, votre dernier boulet, « votre dernier soldat. »

Cette formule, qui rappelle celle qui devait être employée dans une autre occasion plus grave encore et qui était destinée à une célébrité aussi retentissante que vide, se conciliait très-difficilement avec la dépêche du matin et avec tous les renseignements qui avaient, à plusieurs reprises, été transmis de Laon. Devait-on supposer que le ministre de la guerre, dans le trouble de ses travaux multipliés, avait perdu de vue ce qu'on lui avait appris la veille et ce qu'il avait prescrit le matin ; ou bien avait-il été amené, par des considérations d'un ordre tout à fait supérieur et qui échappaient aux intelligences qui n'y étaient pas initiées, à exiger que les places de guerre, en quelque état qu'elles fussent, opposassent à l'ennemi

une résistance désespérée, ne fût-ce qu'un jour,
qu'une heure !...

Le général, en brave soldat qu'il était, ne se posa
point cette question ; il résolut d'obéir, quoi qu'il pût
en arriver ; mais il ne lui suffisait pas de vouloir ; il lui
aurait fallu, avant tout, faire disparaître les obstacles
qui le frappaient d'impuissance absolue : c'est-à-dire,
d'une part, imposer silence aux conseillers municipaux, qui prétendaient participer à la direction
militaire ; et d'un autre côté, ne garder dans la
citadelle que les mobiles disposés à se conduire
en soldats et à chasser ceux qui auraient hésité à
faire leur devoir. Ces deux conditions préalables
n'ayant pas été remplies, les conséquences qui devaient nécessairement en sortir ne tardèrent pas à
se manifester.

Les préparatifs de défense, que le général avait
dû ordonner pendant la nuit, avaient donné l'éveil
aux mobiles ; ils finirent par connaître les termes de
la dépêche de la veille et s'empressèrent, dès les
premières heures du jour, le 8 septembre, de les
répandre dans la ville. Un certain nombre d'entre
eux abandonna la citadelle et gagna la campagne ;
d'autres avaient une attitude de moins en moins en
rapport avec le rôle que le Gouvernement attendait
des derniers défenseurs de Laon.

Parmi les quelques personnes déjà péniblement impressionnées depuis plusieurs jours, ce fut comme une explosion de terreur indignée, un véritable affolement. On fit courir les bruits les plus exagérés (1) ; on persista à signaler le préfet et le général comme les auteurs du péril qui était suspendu sur la ville. Des conseillers municipaux se réunirent, et, suivis de quelques particuliers, se présentèrent à neuf heures du matin à la préfecture et y furent reçus.

A leur tête était l'un d'eux, qui, depuis le commencement de ces fâcheux incidents, avait cru devoir prendre l'initiative et se faire l'orateur du groupe, d'ailleurs peu nombreux, qui pensait représenter les intérêts de la ville. Ce conseiller s'adressa au préfet sur un ton assez peu en harmonie avec les circonstances ; il lui reprocha amèrement de n'avoir pas cessé de faire *du mystère et de la confiance ;* d'avoir, par sa circulaire du 28 août, en annonçant que le chef-lieu du département était prêt et qu'il donnerait l'exemple, induit le Gouvernement en erreur et amené les ordres reçus la veille au soir et donnés parce que le pouvoir central avait

(1) Pièce justif., n° 91.

été mal renseigné sur le véritable état de la ville et
de la citadelle.

Le préfet répondit avec calme que personne, avant
et depuis le désastre de Sedan, n'avait pu prévoir
la marche des évènements pas plus que celle de
l'ennemi ; que la circulaire à laquelle ses inter-
locuteurs faisaient allusion et qui constituait leur
principal grief, n'avait eu en vue, il suffisait de la
relire sans prévention pour s'en convaicre, que
l'hypothèse d'un *parti de cavalerie*, ou de *coureurs à
repousser ;* que la veille même, cette hypothèse s'était
réalisée à la satisfaction et à l'honneur de la ville et
de ses habitants ; qu'en ce qui concernait les communications adressées au Gouvernement, elles
avaient été absolument complètes ; que le Gouvernement connaissait avec détail par le télégramme
quotidien du général, autant que par les rapports
de la préfecture, l'état de la citadelle et de la ville ;
que néanmoins, par des motifs d'ordre supérieur,
sans doute, mais qui étaient encore ignorés, le
Gouvernement avait exigé que la citadelle résistât et
que le général ne pouvait que se conformer à cet
ordre ; que le préfet, quoique démissionnaire, ne
quitterait pas l'hôtel de la préfecture tant que sa
présence y serait utile et possible ; qu'au surplus, il
allait informer le ministre de la démarche que

faisaient en ce moment les conseillers présents et de l'accusation qu'ils dressaient contre le chef de l'administration départementale, et qu'il prononcerait, par conséquent, en parfaite connaissance de cause.

Le préfet termina l'audience en observant que le Conseil municipal, si cela lui semblait dans les convenances, était libre de faire parvenir directement à Paris ses appréciations et ses vœux (1); et il se mit immédiatement avec la collaboration

(1) Ici se place un incident assez puéril et qui ne mériterait pas, à coup sûr, de nous arrêter, même dans une note, si un journal local (*Journal de l'Aisne*, n° du 21 mars 1871), en le mentionnant, n'indiquait quel était à ce moment l'état de certains esprits et si nous ne savions, par expérience, qu'il n'est pas de calomnie que la prévention n'hési:te à employer pour satisfaire des haines mesquines. — Les délégués du Conseil municipal, en entrant dans la cour de la préfecture, avaient aperçu une calèche attelée qui y stationnait; ils imaginèrent que le préfet se disposait à échapper de la ville, après l'avoir mise dans l'embarras. On alla même, paraît-il, jusqu'à affirmer qu'on l'avait arrêté à la porte St-Martin et ramené comme un criminel. Le journal ajoute, hâtons-nous de le dire, que le préfet protesta, séance tenante, contre ce bruit ridicule, auquel nulle personne de bonne foi ne crut un seul instant. La vérité était que la calèche qui se trouvait dans la cour, au moment de l'arrivée des conseillers municipaux, renfermait des paquets de linge et une caisse d'argenterie que le cocher devait transporter à l'autre extrémité de la ville, à l'Hôtel-Dieu, où M^me Ferrand se proposait de prendre asile lorsque les Prussiens viendraient, ainsi que cela devenait de plus en plus probable et prochain, occuper les appartements de la préfecture (Pièce justif., n° 76).

de l'honorable doyen du Conseil de préfecture,
M. Pourrier, à rédiger la dépêche dans laquelle
il exposait au ministre la situation des choses,
si difficile, si inextricable (1). Puis, afin que
tout fût nettement arrêté et sans contestation possible, il se rendit, accompagné de M. Pourrier, à
l'Hôtel-de-Ville, où le Conseil était assemblé, et lui
donna lecture de cette dépêche. Il ajouta que, ne
voulant point passer aux yeux de ses anciens administrés pour s'être livré à de l'exagération, et
tenant, au contraire, à ce qu'ils fussent bien convaincus qu'il s'était constamment borné à remplir
son simple devoir, un devoir impérieux, suprême,
il leur communiquait la circulaire du 2 septembre
dans laquelle le ministre de la guerre et le général
de Liniers avertissaient les fonctionnaires qui mon-
treraient de la faiblesse dans l'exécution des ordres
donnés, qu'ils seraient traduits devant un conseil de
guerre. A ce dernier mot, et quoique la menace ne
visât évidemment, dans l'assemblée de l'Hôtel-de-
Ville, que le préfet et le maire tout au plus, le membre
qui s'était constitué l'organe du Conseil interrompit
brusquement la lecture et s'écria que le préfet voulait

(1) Pièce justif.; n° 92.

le traduire devant un conseil de guerre, qu'il ne
l'épouvantait pas et qu'il était prêt à comparaître.
Quelques-unes des personnes présentes crurent bon
de déclarer qu'elles n'abandonneraient pas leur
collègue, qu'elles voulaient partager son sort et que,
comme lui, elles étaient prêtes.

C'était là, dans les graves circonstances où l'on
était, une triste scène ; c'était de plus un triste
symptôme pour un pays déjà démoralisé et qui avait
besoin de toute sa force morale et de l'union la plus
absolue, dans sa lutte contre un ennemi si puissant
par le nombre et par l'organisation.

Le préfet revint chez lui avec la conviction qu'il
s'était créé des inimitiés profondes ; — car on ne saurait demander à ceux qui ne font pas leur devoir d'être
indulgents pour ceux qui le font. — En sortant de la
mairie, il eut à traverser des groupes compacts d'ouvriers ; il s'y arrêta, s'entretint quelques instants avec
eux et constata qu'il y avait dans cette partie de la
population un désintéressement, une dignité naturelle
et une énergie qui, pour se manifester, n'auraient eu
besoin que d'être encouragés par l'exemple et sou-
tenus par une direction.

La dépêche, telle qu'elle avait été communiquée,
fut expédiée sans retard. Le Conseil municipal, de
son côté, télégraphia à Paris et y envoya trois délé-

gués chargés de solliciter le retrait des derniers ordres transmis au général.

Quelques heures s'étaient à peine écoulées que cette réponse arrivait à la préfecture (1) : « Le Gou-« vernement de la Défense nationale vous confirme « l'entière confiance que lui inspire votre noble atti-« tude devant l'ennemi. Vous avez un poste de « combat ; vous n'êtes pas homme à l'abandonner « pour des considérations d'ordre politique. »

Le soir, dans un second télégramme (2), le ministre de l'intérieur approuvait la réponse du préfet aux conseillers municipaux et autorisait ce fonctionnaire, sur ses pressantes et nouvelles instances, à faire connaître au public qu'il avait donné et qu'il maintenait sa démission, tout en restant en fonctions momentanément et jusqu'à l'arrivée de son successeur.

Mais pendant que se déroulaient ces regrettables et inopportuns débats, l'ennemi s'était rapidement avancé. Depuis midi, on apercevait des remparts une grande agglomération de troupes, à quelques kilomètres de la ville, dans la direction d'Athies ; on distinguait ses lignes, ses tentes, ses avant-postes.

(1) Pièce justif., n° 66.
(2)      Ibid.      n° 68.

On avait aussi signalé du côté de Sissonne l'avant-
garde d'un corps d'armée; l'un des trois probablement qui étaient partis depuis peu de jours de
Château-Porcien, de Reims et de Rethel. On disait
que le roi de Prusse avait quitté le matin même, de
sa personne, cette dernière localité (1).

A trois heures, un second parlementaire se présenta et fut conduit à la citadelle. C'était le colonel
von Alvensleben, chef d'état-major du corps d'armée
commandé par le duc Guillaume de Mecklembourg.
Il remit au général une sommation écrite et revêtue
de la signature de ce prince; elle portait que la citadelle de Laon devait, dans le délai de dix-huit
heures, se rendre et livrer ses vivres, ses munitions
et son matériel; que le général, les officiers et les
troupes régulières seraient prisonniers de guerre ;
que les mobiles remettraient leurs armes, ainsi que
la garde nationale, et seraient *lâchés ;* et que, le
délai expiré, si la reddition n'était pas accomplie,
la ville serait brûlée.

Le général Théremin protesta énergiquement
contre un procédé de guerre digne du temps des invasions des barbares; il fit observer que la ville était

(1) Pièce justif., n° 90 ( *Journal Officiel* , n° du 9 septembre
1870 ).

absolument ouverte ; que l'armée ennemie pouvait
l'occuper sans être exposée au feu de la citadelle et
sans même en être aperçue. Le parlementaire ré-
pliqua poliment et froidement qu'il n'avait pas à
discuter les ordres donnés pas ses chefs et que ces
ordres seraient rigoureusement exécutés. Il n'y avait
donc plus, pour le général, qu'à choisir entre l'honneur militaire et le salut d'habitants inoffensifs,
femmes, vieillards et enfants !

En quittant la citadelle, l'officier prussien fut prié
de se rendre à l'Hôtel-de-Ville ; le Conseil municipal
l'y attendait, et lui demanda, en l'isolant de la forteresse, de ne pas rendre la ville responsable de la
résistance que l'armée allemande rencontrait dans
le commandant. Le colonel Alvensleben se borna à
opposer une fin de non-recevoir à cette proposition,
si insolite et si contraire aux usages de la guerre et
aux sentiments de dignité nationale ; il ne lui était
permis, dit-il, de négocier qu'avec la France ; et,
seul, le général la représentait à Laon ; le Conseil
n'avait qu'à s'adresser au Gouvernement et à en
obtenir qu'on ne se défendît pas.

Cette réponse acheva de jet'er l'épouvante dans
la ville. La désertion continua parmi les mobiles.
Les têtes se montèrent. Il ne restait plus qu'à mettre
le général dans l'impuissance d'obéir et d'agir ; et

c'est ce qu'on tenta de faire. Le bruit se répandit,
vers 5 heures, que le général était à prendre son
repas au restaurant de l'hôtel du *Chevreuil.* Une
bande d'une vingtaine d'hommes étrangers, pour la
plupart, à la population de la ville et de ceux qui
sont toujours disposés à traduire par des actes de
violence les impressions qui, à certains moments,
planent sur les foules, cernèrent la maison et me-
nacèrent le brave et vénérable officier de le saisir et
de le séquestrer, afin de l'empêcher de rentrer à la
citadelle et de la défendre. Le préfet, averti par
M. Soret de Boisbrunet, accourut vers le rassemblement, et y fut aussitôt rejoint par le maire, les
adjoints et par une compagnie de mobiles. Le général fut dégagé sans difficulté et rentra dans la place
avec ses officiers (1).

Ce fait, déjà assez grave en lui-même, fut encore
grossi par la rumeur publique, ainsi que cela arrive
souvent, lorsque les esprits sont surexcités par
des circonstances extraordinaires ou par des préoccupations extrêmes ; on lui donna une portée
exagérée, et on étendit les responsabilités qui devaient
en découler au-delà des limites de la vraie justice.
Ce fut ainsi amplifié qu'il arriva, sans doute,

(1) Pièce justif., n° 91.

jusqu'au conseil de guerre, qui est chargé par la
loi de prononcer sur les capitulations des places
fortes. D'après la décision rendue le 6 novembre 1871,
par ce conseil, sous la présidence du maréchal
Baraguey-d'Hilliers, la population de la ville aurait
tenté « d'arrêter le commandant et de le livrer à
« l'ennemi (1). » Or, il est constant, d'un côté, que
la population ne prit aucune part active à ce qui ne
fut que l'acte irréfléchi de quelques individus sans
consistance ; et que, d'un autre côté, ces mêmes
individus n'eurent pas la pensée de livrer le général
aux Prussiens ; ils voulaient seulement, dans l'intérêt
de leur propre sécurité, le mettre dans l'impossibilité
de défendre la ville et la forteresse.

Il y eut donc à regretter que l'enquête qui dut
être entreprise à cette occasion par l'autorité militaire, n'eût pas emprunté ses éléments à une
source parfaitement sûre et impartiale, c'est-à-dire,
aux fonctionnaires qui, ayant été les témoins de
l'événement, étaient le mieux en situation d'en préciser tous les caractères et d'en révéler tous les détails. Aucun d'eux, et particulièrement, ni l'ancien
préfet de l'Aisne, à cette époque préfet du Calvados,
ni M. Soret de Boisbrunet, encore à la tête du

(1) Pièce justif., n° 93.

parquet de Laon, ne furent instruits ni de la procédure d'enquête qui fut suivie, ni de la décision qui fut rendue.

L'émotion passagère causée par l'incident que nous venons de raconter, une fois calmée, il restait à attendre la réponse aux dernières dépêches télégraphiques envoyées au Gouvernement de la Défense nationale. Cette réponse arriva vers deux heures du matin ; elle était telle qu'on devait le prévoir ; elle autorisait le général à « agir devant la « sommation suivant la nécessité de la capitulation.» Il fut décidé que ce jour même, 9 septembre, à dix heures du matin, la capitulation de la place serait portée au quartier général du duc de Mecklembourg, à Eppes, par M. de Chézelles, commandant du bataillon de mobiles.

A sept heures, les chefs de service furent convoqués par le préfet ; il les informa que la ville et la citadelle seraient occupées à onze heures par l'ennemi, et les invita, en conséquence, à se retirer à St-Quentin, où il les rejoindrait aussitôt que sa présence ne serait plus utile au chef-lieu. Il leur annonça, en même temps, que, du reste, son successeur était désigné ; qu'il s'était présenté à Soissons, il y avait déjà plusieurs jours ; qu'il avait même dû télégraphier, en sa qualité, au ministre de l'Intérieur; qu'il était, il est vrai, retourné à Paris; mais que, sans nul doute, il reviendrait bientôt se faire installer officiellement. Enfin, M. de Chézelles, qui se préparait à partir pour Eppes, fut prié d'informer le duc de Mecklembourg de ces dispositions. Le commandant, de retour du quartier général prussien, en rapporta l'assurance que le départ des fonctionnaires ne donnerait lieu à aucune difficulté.

Vers onze heures et demie, l'armée d'invasion entra dans la ville sous une pluie battante et aux sons de sa musique; elle monta à la citadelle et en prit possession.

Les mobiles commençaient à défiler en déposant leurs armes; le duc de Mecklembourg se trouvait auprès du général Théremin, qui lui avait remis son épée et auquel il venait de la rendre; il se préparait à signer la capitulation, lorsqu'une effroyable détonation se fit entendre. La poudrière, renfermant 26,000 kilogr. de poudre, avait sauté.

Les portes, les murailles, les bâtiments furent renversés; les pierres, les poutres lancées de tous côtés retombèrent au loin et, dans les quartiers de la ville les plus voisins, effondrèrent des toitures, défoncèrent des fenêtres, brisèrent des arbres et blessèrent des habitants. Quant au nombre des vic-

times, on ne pouvait s'en rendre compte ; il était
énorme ; elles gisaient par centaines, et il y en eut
dont on ne retrouva pas le moindre vestige. A l'entrée de la citadelle, un groupe de jeunes officiers de
la garde mobile étaient tous couchés, sanglants,
affreusement mutilés. Plus loin, une ligne entière de
leurs soldats était renversée, le fusil encore aux
mains ; et, en face, un certain nombre de Prussiens
semblaient avoir été frappés au moment où ils recevaient les armes qui leur étaient rendues.

Le duc de Mecklembourg et le général Théremin,
jetés à terre à côté l'un de l'autre, se relevèrent
blessés, — le duc légèrement à la jambe, et le
général très-grièvement à la tête ; il devait en mourir,
après quelques semaines de souffrances, sur un
des lits de l'hôpital.

Le préfet était dans la cour de la préfecture lorsque
l'explosion retentit ; une énorme pierre noircie tomba
à quelques pas de lui ; toutes les vitres des fenêtres
de l'hôtel volèrent en éclats. Il s'élança dehors
et aperçut une foule de femmes, d'enfants, de mobiles, parmi lesquels plusieurs étaient blessés, qui
débouchaient de toutes les rues et s'enfuyaient vers
la route d'Ardon. Il interrogea des mobiles, qui lui
apprirent la catastrophe. Au même instant arrivait,
au milieu d'un détachement de soldats prussiens et

accompagné d'un officier supérieur et de M. de Che-
zelles, le général Théremin, pâle, défait, couvert
de sang et la tête enveloppée de linge. Le général
s'approcha du préfet et, en quelques mots émus,
lui exprima sa douleur et ses craintes pour la sécurité de la ville ; il le fit connaître à l'officier prussien,
qui n'était autre que le colonel von Alvensleben, et il
fut emmené par son escorte à l'ambulance.

Le colonel réclama des secours immédiats pour
les nombreux blessés ; le préfet lui proposa de se
joindre à lui, afin de les organiser le mieux et le
plus promptement possible. A l'extrémité de la ville,
près de la citadelle, étaient des soldats prussiens,
rangés en bataille, paraissant très-animés, attendant
des ordres et disposés à les exécuter avec rigueur.
Le colonel, dont M. Ferrand avait pu déjà, par
quelques minutes d'entretien, apprécier le caractère
élevé, ne doutait pas, lui dit-il, de la loyauté
des autorités françaises ; il avait la certitude
qu'elles étaient absolument étrangères à un acte
qui, dans les circonstances où il venait de se
produire, était insensé, s'il n'était pas criminel.
Il parla à la troupe avec douceur et véhémence à la
fois et sembla en avoir sensiblement changé les
dispositions hostiles.

L'intérieur de la citadelle offrait un spectacle

horrible : — des monceaux de morts ; des mourants qui se soulevaient péniblement et retombaient inanimés ; des blessés qui poussaient des cris déchirants et invoquaient des secours ; — les éléments paraissant s'associer à cette scène pour la rendre plus lugubre encore ; — un ciel blafard, un vent soufflant en tempête ; la pluie tombant toujours à torrents ; — des flaques d'eau et d'une boue jaunâtre teinte de sang, où l'on découvrait de place en place des débris humains. Sur la plate-forme, deux chevaux blessés erraient à travers les ruines, les morts et les mourants ; sur l'ordre du colonel on les acheva ; et les deux pauvres bêtes, tournoyant sous le coup de la balle, battant l'air de leurs jambes, roulèrent au milieu des cadavres.

Bientôt M. Champin, secrétaire général de la préfecture ; M. le docteur Guipon, M. Lemaire, directeur des contributions indirectes ; M. l'abbé Baton, aumônier de l'hôpital, et d'autres ecclésiastiques, plusieurs religieuses et quelques ouvriers, auxquels se réunirent, peu de temps après, des dames de la ville, survinrent et s'employèrent activement au transport et au pansement des blessés.

On compta du côté des Français 11 officiers et 200 mobiles tués ou disparus ; 10 officiers et 150 soldats blessés ; et du côté des Prussiens, 30 morts, parmi lesquels 2 officiers et environ 65 blessés.

A ce moment, l'un des adjoints, M. Tilorier, vint avertir le préfet que le duc de Mecklembourg l'invitait à se rendre à l'Hôtel-de-Ville, où il l'attendait. Prévoyant une entrevue difficile, M. Ferrand accepta l'offre que lui fit le colonel von Alvensleben de l'accompagner. Tous les deux traversèrent la ville de nouveau ; elle était morne et déserte. Toutes les maisons voisines de la forteresse étaient en ruines. Un bombardement n'aurait pas causé plus de ravages. Parvenus à la maison commune, ils furent introduits dans la loge du concierge. Le duc s'y tenait entouré de soldats ; il avait près de lui le maire, M. Vinchon, et un conseiller municipal, M. Alphonse de Sars. C'était un homme de quarante à cinquante ans, de haute taille. En apercevant M. Ferrand, il se leva et lui dit avec l'accent de la colère qu'il était son prisonnier, qu'il y avait eu trahison et qu'il allait aviser. Le maire et le préfet protestèrent énergiquement contre une accusation qui ne pouvait supporter le moindre examen sérieux et qui était détruite par les circonstances mêmes qui avaient accompagné la catastrophe, puisque c'étaient les Français qui en avaient le plus souffert. La cause de cette catastrophe était encore inconnue, mais ne tarderait pas certainement à être découverte. Le colonel von Alvensleben appuya chaleureusement ces paroles et réussit à calmer le prince qui, jugeant plus froidement et plus justement les choses, finit par déclarer qu'il se contenterait de recevoir dix ôtages pris parmi les principaux fonctionnaires et notables de la ville, qui répondraient, sur leur vie, de la sûreté des troupes allemandes.

Le préfet et le maire s'offrirent spontanément et dressèrent une liste de dix noms. Quelques instants après, le président du tribunal civil, M. Combier, M. Lemaire, directeur des contributions indirectes, et M. de Sars se réunissaient aux deux premiers et se présentaient, pour se constituer ôtages, à l'hôtel de la Hure, où le commandant de place allemand, le capitaine de Reibnitz, venait d'installer provisoirement ses bureaux.

Les formalités exigées ayant été remplies, les ôtages se disposaient à prendre congé du commandant, lorsque cet officier fit savoir au préfet, qu'en vertu de ses instructions générales, il était obligé de le retenir prisonnier. Il le fit conduire sous escorte à l'Hôtel-de-Ville et enfermer dans le cabinet du maire; mais au bout d'une demi-heure, un autre officier apporta l'ordre émanant du duc de Mecklembourg de le remettre en liberté. — Il ne devait pas y être laissé longtemps.

Tout semblait donc terminé à Laon pour chacun des acteurs qui avaient joué, dans le sombre drame un rôle plus ou moins actif et plus ou moins courageux. L'ennemi était le maître; il occupait paisiblement la ville et la forteresse, et nous montrait, par sa savante organisation militaire, la discipline sévère, l'ordre silencieux, la tenue irréprochable qui régnait dans ses rangs, par quelles causes il était vainqueur, et par quelles fautes nous étions vaincus dans cette lutte où la bravoure, en face de l'énorme supériorité du nombre, n'était plus qu'un élément insuffisant de succès.

La ville, cependant, avait pu craindre de plus grands malheurs; pendant un moment, elle fut menacée de destruction; elle fut épargnée, grâce surtout à l'intervention du colonel von Alvensleben, dont elle devra garder un reconnaissant souvenir.

Quant à l'auteur de la catastrophe, on a supposé, mais sans qu'il ait été possible de l'établir par une preuve juridique, qu'il devait être un garde du génie nommé Henriot. Cet homme était revenu d'Afrique depuis quelques jours seulement; il avait, comme garde, l'une des deux clefs de la poudrière en sa possession; il s'était emparé, on ignore par quel moyen, de la seconde, qui doit rester toujours entre les mains du commandant. Au moment de la reddition , M. de Chézelles l'avait vainement cherché pour obtenir la remise de ces clefs. Il s'était exalté au milieu des émotions des derniers jours ; il s'était, sans doute, imaginé qu'il allait accomplir, en se faisant sauter avec la citadelle, un acte d'héroïsme semblable à celui qui a rendu légendaire le vaisseau *Le Vengeur,* et il s'y sacrifia ; car on ne retrouva de son corps aucune trace ; il avait été anéanti par l'explosion.

Le lendemain du jour le plus néfaste que Laon ait eu à marquer dans ses annales, le 10 septembre 1870 , il fut convenu que le préfet , avant de faire ses préparatifs de départ pour se retirer à St-Quentin d'abord , puis dans sa famille , se rendrait avec le maire de la ville et le colonel prussien aux ambulances établies à l'Hôtel-Dieu , afin d'y visiter les blessés et de vérifier s'ils avaient été l'objet des soins que nécessitait leur état , — leur transport et leur installation ayant été faits la veille avec précipitation et au milieu du trouble général.

M. Ferrand venait à peine de rentrer à l'hôtel pour prendre quelques dispositions relatives à cette visite, que les gens de la maison accoururent l'avertir que des soldats prussiens en armes pénétraient dans les appartements du rez-de-chaussée et que d'autres gardaient les abords de l'hôtel. Peu de minutes après, il vit entrer le capitaine de Reibnitz, qui lui déclara

qu'il était chargé de l'arrêter et de le conduire devant
le prince royal de Saxe, arrivé depuis quelques minutes du quartier général du roi de Prusse. Le prisonnier fut placé au milieu d'une forte escorte et
conduit, dans cet appareil, à l'hôtel du Chevreuil.
Il attendit environ une heure, dans la salle à
manger, où se tenaient plusieurs officiers, qui ne
cessèrent de parler de leur prochaine entrée à Paris ;
ils la fixaient à dix ou quinze jours, tout au plus.

M. Ferrand fut enfin introduit chez le prince,
homme de quarante à quarante-deux ans, qui portait
l'uniforme et avait la tenue raide de général prussien.
Il ne dit pas un mot au préfet ni de l'explosion de la
citadelle, ni des autres motifs qui pouvaient avoir
amené son arrestation. Il se borna à lui faire savoir
qu'il allait être dirigé sur le quartier général à Reims ;
puis il se répandit en amères récriminations contre
la nation française et son gouvernement.

L'entrevue n'avait dès lors aucun but, puisqu'elle
ne conduisait à aucune conclusion ; et l'accusé, ne
sachant pas de quel crime on le présumait coupable,
n'avait rien à répondre. Reconduit à l'Hôtel-de-Ville,
il fut enfermé de nouveau dans le cabinet du maire,
avec un poste de soldats à la porte et une sentinelle
dans le cabinet même. Les soldats, supposant qu'un
personnage objet de telles mesures devait être consi-

déré comme le principal auteur ou au moins comme l'instigateur de la catastrophe qui avait fait tant de victimes parmi eux, lui adressaient des injures et des menaces.

Vers quatre heures de l'après-midi, le colonel von Alvensleben survint; il accompagnait M^me Ferrand, profondément émue, qui avait obtenu la faveur de venir faire ses adieux à son mari. Le colonel, dans cette circonstance si pénible, trouva à adresser à l'un et à l'autre des paroles aussi nobles que sympathiques, et il enjoignit sévèrement aux soldats de cesser leurs invectives. Le prisonnier lui ayant demandé pour quel motif on l'entourait de tant de gardes et de tant de précautions, il répondit que les chefs craignaient que les habitants de la ville n'essayassent de le délivrer. M. Ferrand l'attira près de l'une des fenêtres et lui montra, en souriant tristement, un groupe de trois ou quatre personnes qui étaient seules au milieu de la place et qui causaient entre elles; elles portaient toutes au bras le brassard orné de la croix internationale des ambulances. L'autorité prussienne pouvait donc être sans inquiétude!... M. et M^me Ferrand durent se séparer.

Le soir, aux dernières lueurs du jour, la place, silencieuse et vide, fut traversée par le long cortége des cercueils qui renfermaient les victimes de la catastrophe de la veille. La musique des régiments allemands le précédait et faisait entendre les accords étranges et pénétrants de ses airs funèbres. Des fenêtres de l'Hôtel-de-Ville, le prisonnier assista au lugubre défilé, et il se demanda s'il ne devait pas voir là un de ces présages auxquels l'âme la plus ferme et la plus résignée ne peut complètement se soustraire, et si le digne général, déjà si cruellement éprouvé, et lui-même, n'étaient pas destinés, par la justice de M. de Bismarck et pour faire un exemple, à être le lendemain matin passés par les armes.

A dix heures, le poste fut doublé; plusieurs sentinelles furent posées sous les fenêtres de l'Hôtel-de-Ville, et la nuit se passa sans autre diversion que la conversation des soldats qui, en gardant le prisonnier, de temps en temps l'injuriaient, et le cri des factionnaires qui, de quart d'heure en quart d'heure, s'avertissaient et reconnaissaient les rondes d'officiers et les patrouilles.

L'arrestation de M. Ferrand, on l'apprit plus tard, avait été résolue il y avait déjà plusieurs jours. Le roi de Prusse et le Chancelier se trouvaient, au commencement de septembre, dans la petite ville de Varennes-en-Argonne; ils s'étaient logés dans la maison d'une dame qui avait chez elle, à ce moment, sa fille mariée à un officier actuellement en résidence à Caen. Pendant le dîner, les journaux français ayant été apportés, M. de Bismarck y lut la proclamation lancée le 28 août par le préfet de l'Aisne ; elle lui parut un acte dangereux pour la sécurité des troupes allemandes et une provocation criminelle à la désobéissance aux ordres de Sa Majesté prussienne ; il proposa et fit décider, séance tenante, que son auteur serait arrêté par la première reconnaissance de uhlans qui entrerait à Laon. Le nom du préfet fut alors prononcé ; les domestiques de la maison qui servaient à table l'entendirent et crurent qu'il s'agissait d'un homonyme de M. Ferrand, qui habitait Varenne. Ils allèrent en toute hâte avertir ce paisible citoyen du sort dont il était menacé ; et celui-ci, sans attendre un plus ample informé et malgré son incontestable innocence, jugea prudent de gagner les bois et de s'y tenir caché aussi longtemps qu'il se crut à la portée du terrible Chancelier.

L'explosion de la citadelle et les opérations du recrutement ne furent donc, malgré les termes du *communiqué* reçu de l'autorité allemande et inséré par le *Courrier de Champagne*, le 18 septembre (1), que les motifs apparents des mesures rigoureuses

_____

(1) Pièce justif., n° 96.

prises à l'égard du préfet de l'Aisne. Le lendemain de son arrestation, le 11 septembre, M. Ferrand, entouré d'un nombreux détachement de gendarmes et sous la garde d'un officier du quartier général, fut emmené de Laon vers une destination qui lui était inconnue, pour répondre, devant un tribunal étranger qu'il ne connaissait pas davantage, à une accusation dont il ignorait la base véritable et le dernier terme.

### III.

Nous empruntons la fin de ce récit aux notes mêmes que notre confrère, M. Ferrand, a rédigées pendant sa captivité en Allemagne et qu'il a bien voulu nous communiquer. Nous les transcrivons sans y rien changer. Écrites sous l'impression du moment, sans aucune arrière-pensée de publicité et sans le moindre sentiment d'amertume, elles auront, nous le pensons, pour l'Académie, un intérêt qu'une autre plume eût été impuissante à leur donner.

———

Craonne, le 11 septembre.

Brisé de fatigues et d'émotions, j'ai fini, la nuit dernière, par m'assoupir. J'ai eu quelques heures de repos. Ce matin, j'ai été réveillé par un grand

bruit de fifres, de tambours, d'hommes et de chevaux. C'était un régiment qui arrivait et s'assemblait
sur la place. Je n'avais encore vu nos ennemis qu'à
travers le désordre et les horreurs de l'explosion. Je
les observais pour la première fois sous les armes
et avec un sentiment de curiosité douloureuse.
Quelle régularité méthodique ! Combien l'aspect des
soldats et des officiers révèle la discipline, la force,
le véritable esprit militaire ! Ce régiment, comme
ceux qui occupent déjà la ville, combat sans doute
ou est en marche depuis longtemps, et l'on dirait qu'il
vient de figurer à une parade. En quelques minutes,
il s'est dispersé avec autant d'ordre et de précision
que s'il appartenait à la garnison locale.

A sept heures, un officier m'a informé que j'allais
être dirigé sur Craonne. J'ai exprimé le vœu de dire
adieu à ma famille ; elle a été prévenue ; j'ai pu
passer quelques instants avec elle.

A huit heures, le même officier m'a demandé de
s'assurer que je n'avais pas d'armes ; on m'a fait
prendre place dans une voiture à côté d'un officier
du quartier général, M. de Hoville ; — une escorte
nous a enveloppés ; nous sommes partis.

Je viens d'être séparé des miens ; je ne sais ni où
je vais, ni quel sera mon sort ; et cependant j'ai
ressenti quelque soulagement, une sorte de dilata-

tion en m'éloignant des lieux où venaient de se passer pour moi des scènes si inattendues et si pénibles. Je n'aurai plus, du moins, le contact de ces soldats grossiers, de ces hostilités aveugles, de cette indifférence inerte, de ce sang de la citadelle. Mes yeux et mon esprit se sont reposés sur les paisibles campagnes du Laonnois des angoisses des derniers jours.

L'officier qui commande l'escorte a été poli. La route était morne et déserte. De loin en loin apparaissaient des escouades de cavalerie opérant des reconnaissances et se communiquant des ordres. A quelques kilomètres de Craonne, nous avons rencontré des lignes de védettes, puis des avant-postes. La ville est remplie de soldats.

J'ai été amené devant le commandant de place ; il m'a annoncé que je passerais la nuit à Craonne et il m'a établi chez un ouvrier, nommé Lebègue, dont la maison est près du poste de l'Hôtel-de-Ville. Une sentinelle a été placée dans ma chambre ; toutes les issues sont gardées.

La nouvelle de mon arrivée et de mon arrestation s'est promptement répandue dans le bourg. Quoique je sois au secret, le maire, le curé, le juge de paix, la plupart des notables sont parvenus, à force de démarches et d'instances, à pénétrer jusqu'à moi et m'ont comblé de marques d'affection. Pendant long

temps beaucoup d'habitants ont stationné sous mes fenêtres en m'adressant les mêmes témoignages ; leur accueil m'a vivement touché ; il m'a semblé que je retrouvais la France , des amis, une famille.

J'ai partagé le modeste repas de mon hôte. Je vais occuper son lit. J'ai plus de sérénité et d'espoir (1).

Hôtel-de-Ville de Reims, 13 septembre.

J'ai eu enfin à Craonne, dans cette chambre et dans ce lit d'ouvrier, une nuit bienfaisante. J'ai à peine vu la sentinelle prussienne qui était, un fusil à la main, à quelques pas de mon chevet. C'est le son d'une sorte de cornemuse qui m'a réveillé. Tout, dans l'armée qui nous a vaincus, atteste les soins les plus attentifs. Nos clairons, nos tambours, retentissent au loin et préviennent ; cette cornemuse réveille sûrement et en silence.

A neuf heures, un officier de cavalerie, M. de Sinden, m'a informé qu'il avait l'ordre de me conduire à l'étape prochaine, à Cormicy. Nous sommes partis avec une forte escorte. Au-delà de Craonne , comme hier en deçà, j'ai rencontré de nombreux avant-postes ; puis des vedettes éclairant la cam-

(1) Pièce justif., n° 95.

pagne à une grande distance. A Cormicy, d'autres uniformes, mais mêmes dispositions. Ce bourg était occupé par un corps saxon. J'ai été amené à la commandature. M. de Sinden y est devenu le centre d'un groupe compact. J'ai de nouveau été frappé de l'empressement cordial, du respect, de la confraternité sincère que les officiers allemands se témoignent entre eux, quels que soient leurs grades, leurs corps, leur origine. Des gendarmes saxons, une voiture découverte, se sont approchés. Un nouvel officier, M. de Sichart, m'a invité à prendre place à côté de lui, et, vers midi, j'entrais à Reims, à peu près comme un criminel.

La population regardait ce cortége insolite avec étonnement. Le cocher a pressé le pas des chevaux. Nous avons mis enfin pied à terre à l'archevêché, transformé en grand quartier général.

M. de Sichart s'est fait indiquer les appartements du roi; il s'est entretenu avec l'aide-de-camp de service, M. de Waldersee, et il a reçu l'ordre de m'accompagner chez le général de Moltke. Pendant le colloque, j'ai examiné l'installation. Le comte de Waldersee était le seul officier de service, quelques sous-officiers et deux soldats armés occupaient l'antichambre. Un bataillon stationnait dans la cour, près de ses fusils en faisceaux. Devant les écuries, j'ai

7

aperçu deux voitures et un vaste fourgon. Au moment
où nous sortions de l'archevêché, un régiment wurtemburgeois défilait sur la place, musique en tête,
drapeau déployé. Mes yeux se sont reportés sur cette
grande ville, sur cette vieille cathédrale, qui ont été
témoins de nos splendeurs passées !...

Nous sommes entrés chez le général de Moltke ;
il était absent. Trente ou quarante officiers de tout
âge et de tout grade en tenue militaire, assis devant
des tables, travaillaient silencieusement. J'ai demandé à celui de ces officiers, avec qui M. de Sichart
avait conféré, de me faire mettre en liberté. Il m'a
répondu qu'il n'avait pas d'instructions, que je
devais, pour le moment, rester à l'Hôtel-de-Ville.
Nous nous sommes acheminés vers cette destination.

Sur la place Louis XV, M. de Sichart s'est arrêté
tout à coup, a pris le port militaire et a salué avec
respect. C'était le roi, dans une voiture découverte à
deux chevaux, sans escorte, ayant à ses côtés le
comte de Waldersee, tous deux avec l'uniforme et
la casquette des officiers prussiens. Le roi est fidèle-
ment reproduit par ses portraits. Sa haute stature,
ses larges épaules, son visage plein, d'une expression assez martiale, ses moustaches et ses cheveux
entièrement blancs forment un type vrai de soldat à
la fois rude et paterne.

L'Hôtel-de-Ville regorgeait d'officiers prussiens.
Dans la grande salle du rez-de-chaussée, le maire et
les conseillers municipaux discutaient vivement avec
des intendants ; quelques-uns des conseillers se sont
approchés de moi et m'ont témoigné beaucoup d'intérêt. Nous échangions ensemble quelques paroles,
lorsqu'un officier de mauvaise mine, suivi d'une
sorte d'alguazil en bourgeois, s'est précipité vers
nous et m'a invité à me rendre avec lui chez M. de
Bismarck. Peu de minutes après, je franchissais le
seuil de la maison qui servait de quartier au chancelier de la Confédération du Nord.

Un domestique m'a introduit dans un cabinet de
travail. J'y étais à peine qu'une des portes s'est ouverte avec fracas et que j'ai vu apparaître, dans
tous les signes d'une vive colère, un officier de
50 à 55 ans, grand, fort, à l'œil audacieux, à la
physionomie puissante. M. de Bismarck, sans s'as-
seoir, m'a dit d'une voix très-élevée, « qu'il avait
« lu à Varennes ma proclamation du 28 août et qu'il
« avait proposé immédiatement au roi d'ordonner
« mon arrestation ; qu'il n'admettait pas que les
« préfets s'occupassent de la guerre ; que la résis-
« tance civile était criminelle ; qu'il saurait l'étouffer ;
« que j'allais être conduit à la forteresse d'Ehren-
« breitstein, et que j'y répondrais devant une cour

« martiale des sévices exercés par les habitants non
« militaires contre les armées allemandes. »

J'ai répondu que j'avais simplement rempli mon
devoir ; que l'armée étant prisonnière en Allemagne
ou bloquée dans Metz, il ne restait plus à la France
que le patriotisme de ses habitants, et qu'il incombait
surtout aux préfets de faire appel à cette dernière
ressource ; que jamais, ni lors des invasions du premier Empire, ni antérieurement, à ma connaissance, on n'avait arrêté et déféré à une cour martiale
un administrateur pour un acte analogue à celui
qu'il indiquait ; qu'en voulant me rendre responsable
de prétendus sévices exercés par les habitants contre
les armées allemandes, il me semblait se mettre en
dehors de la justice, de la vérité et des usages.

M. de Bismarck a répliqué, du même ton impérieux, « que la cour martiale m'entendrait et en
« déciderait ; que j'avais, en outre, continué à Laon
« et dans les autres arrondissements les opérations
« du recrutement, malgré l'arrêté royal qui ordon-
« nait, dans les départements envahis et sous peine
« de mort, qu'elles fussent immédiatement inter-
« rompues. » — Et sur ces dernières paroles, il est
sorti en fermant bruyamment la porte.

Je suis resté confondu. Quoi ! le landsturm et la
landwehr ne sont-ils pas l'organisation même de la

résistance civile !... Dans des circonstances analogues à celles où nous sommes, en 1813, le roi Frédéric-Guillaume, imposait à chaque citoyen, par un décret universellement connu, l'obligation *sacrée* de prendre les armes, d'user de tous les moyens possibles pour repousser l'ennemi ; et le ministre allemand ose traiter de criminel le simple appel que j'ai adressé aux habitants ! L'invasion avait commencé dans le département de l'Aisne six jours avant que Laon n'ait été occupé, et je suis sous le coup de la peine de mort, parce que je n'ai pas immédiatement cessé mes fonctions, abandonné mon poste ! Dans quel temps, dans quel pays, le ministre d'un peuple vainqueur a-t-il eu recours à de tels procédés !

L'officier de gendarmerie et l'alguazil en bourgeois m'ont ramené à l'Hôtel-de-Ville. J'ai été enfermé dans une pièce du second étage. On m'a fait connaître que j'étais de nouveau au secret, et deux sentinelles ont été placées à ma porte.

Une heure après, cependant, j'ai reçu la visite de M. Werlé, député de la Marne. M. de Bismarck l'avait autorisé à me voir ; il lui avait appris qu'il venait d'avoir avec moi une *scène pénible ;* il lui avait répété, relativement à ses griefs, ce qu'il m'avait dit à moi-même, ajoutant toutefois qu'il ne me rendait

pas responsable de l'explosion de la poudrière.
M. Werlé croit que la mesure prise à mon égard a
principalement pour but d'intimider ; ma translation
dans la forteresse d'Ehrenbreitstein lui paraît une
sorte de garantie ; si M. de Bismarck, présume-t-il,
avait voulu un dénouement extrême, c'est à Reims
ou même à Laon qu'il m'eût fait juger.

Le maire de Reims et M. et M^me H., alliés de ma
famille, ont obtenu aussi de venir passer quelques
instants avec moi ; leurs sympathies m'ont été pré-
cieuses. L'archevêque, Mgr Landriot, a dit à M. et à
M^me H., et les a chargés de me dire, qu'il se préoc-
cupait beaucoup de ma situation (1).

Ce soir, à dix heures, un officier du quartier général s'est fait ouvrir la pièce où l'on m'a renfermé ;
il m'a annoncé, de la part de M. de Bismarck, que
je partirai demain, à sept heures, dans une voiture
fermée ; que je serai accompagné d'un officier et
que je trouverai des juges à Coblentz.

(1) Pièce justif., n° 94. Le vénérable archevêque qui, jusqu'à ce
moment, s'était abstenu de se présenter chez le roi de Prusse, quoiqu'il fût logé dans le palais même de l'archevêché, n'hésita pas à
lui demander une audience aussitôt qu'il eut appris la grave situation dans laquelle était le préfet de l'Aisne. Son intervention
contribua puissamment à modifier les dispositions de l'autorité
prussienne à l'égard du prisonnier.

St-Mihiel, 14 septembre.

Hier matin, à neuf heures, l'officier de gendarmerie qui avait déjà, la veille, exécuté à mon égard
les ordres de M. de Bismarck, et un officier wurtemburgeois, sont venus m'inviter à monter en voiture.
Une nombreuse escorte nous attendait sur la place
de l'Hôtel-de-Ville. Quelques personnes, pour la
plupart inconnues de moi, se sont approchées et
m'ont serré la main.

Nous sommes partis au galop des chevaux. A quelques kilomètres de la ville, l'officier de gendarmerie
et la majeure partie de l'escorte sont revenus sur
leurs pas. Il n'est resté auprès de moi que l'officier
wurtemburgeois et cinq gendarmes, chargés, m'a-t-on
appris, de me conduire jusqu'à Pont-à-Mousson.
Nous avons déjeûné chez M. Maître, maire de St-
Martin-l'Heureux, dîné et passé la nuit à Ste-Menehould, chez M. Noailles, notaire. Ce matin, nous
nous sommes arrêtés à Clermont, devenu étape
prussienne, puis à Julvécourt. Nous venons d'arriver
et nous allons passer la nuit à St-Mihiel, où le maire,
M. Largillière, a demandé à me recevoir. Je ne
saurais trop exprimer ici ma gratitude envers tous
mes hôtes et leurs familles, qui m'ont donné tant de
témoignages de sympathie.

L'officier wurtemburgeois ne me perd pas de vue. Il m'a averti franchement qu'il avait pour instructions de me traiter avec urbanité, mais de décharger sur moi son révolver à la moindre tentative d'enlèvement ou d'évasion. En voiture ou quand nous marchons, ou quand nous prenons quelque repos, il est à mes côtés. La nuit, il se fait dresser un lit auprès du mien et l'un des gendarmes veille dans la chambre. Enlèvement et évasion sont donc également impossibles! Depuis deux jours, j'ai à peine aperçu dix habitants sur les routes parcourues. Les fabriques sont en chômage; les travaux des champs abandonnés; les récoltes périssent sur pied. Il semble que la vie dans ces campagnes soit éteinte. C'est le désert. Dans les villes et les villages, les maisons sont remplies de Prussiens, ou bien elles sont closes comme en un jour de deuil. Partout les réquisitions ont été accablantes et pratiquées avec brutalité. A Clermont, notamment, il n'y a plus un grain de blé, et l'armée ennemie est obligée de nourrir les habitants.

Forteresse d'Ehrenbreitstein, 16 septembre, minuit.

Partis de St-Mihiel hier matin vers neuf heures, nous avons, comme la veille et l'avant-veille, trouvé partout l'abandon et la solitude. Le tableau s'est encore assombri. A plusieurs reprises, nous avons dû nous arrêter devant d'épaisses colonnes de nos soldats de Sedan en route vers l'Allemagne. Quelques cavaliers et fantassins bavarois suffisaient pour conduire et garder ces milliers de prisonniers, hier réputés les premiers soldats du monde, aujourd'hui désarmés, impuissants, souillés de boue, succombant à la fatigue. Quelques-uns portent sur leur visage l'empreinte d'une douleur profonde et de l'exaspération ; la plupart sont comme les populations que nous traversons, sombres, attérés, inertes ; ils se laissent entraîner où le veut une destinée fatale. Si un de ces malheureux s'écarte ou s'attarde, le soldat bavarois lève sa crosse et le frappe. Que de fois, en regardant ces troupeaux humains et ces scènes de brutalité, je me suis senti envahi par la colère et les larmes ! Quand les dieux, a dit Homère, permettent qu'un homme soit réduit en servitude, ils lui enlèvent la moitié de son âme !...

Vers midi, nous sommes arrivés devant l'Hôtel-de-Ville de Pont-à-Mousson, siége de la commandature. L'officier et l'escorte wurtemburgeois doivent s'arrêter à cette étape. Pendant qu'on se pourvoyait d'un autre officier et d'une nouvelle escorte, j'ai obtenu, sur ma parole d'honneur de ne pas m'évader, qu'on s'abstînt de m'emprisonner. Le commandant de place a consenti à me remettre au maire et au

conseil municipal assemblés pour les réquisitions.
Comme à Reims, à Ste-Menehould, à St-Mihiel, le
pays est au pillage. On le dépouille non-seulement
de vivres et d'argent, mais des plus menus objets.
J'ai fait, avec le maire, quelques pas sur la place. Il
m'a raconté que quinze jours auparavant, à l'endroit
même où nous étions, le roi présidait à la parade
de la compagnie de service, redressait la tenue et le
port des soldats, inspectait l'habillement, etc.

J'ai quitté Pont-à-Mousson avec un officier de
landwehr et des gendarmes. Vers sept heures, à la
nuit tombante, cet officier m'a indiqué dans le loin-
tain la ville de Metz à quelques kilomètres. J'ai cru
apercevoir la fumée des bivouacs. Tous mes vœux,
toute mon âme se sont ardemment portés vers cette
ville et cette armée de qui dépendent, en ce moment, les destinées de la France.

Nous sommes arrivés à Rémilly, vers dix heures.
La commandature était à l'extrémité de la ville dans
un château récemment restauré. Le parc, les appartements, quoique dévastés, sont encore tout em-
preints d'élégance, de bonheur et de paix. On a
dressé des lits de camp pour l'officier, les deux
soldats et moi, dans une des chambres du château.

Ce matin, à neuf heures, un nouvel officier de
landwher, M. Hiendermann de Herfort, est venu

m'annoncer que nous allions partir en chemin de fer
pour Coblentz. Nous avons traversé Forbach, Saarbrück. Les traces de nos premiers désastres sont
encore visibles. A la gare de Saarbrück, on a su qui
j'étais ; un rassemblement s'est formé et m'a injurié
avec violence. M. Hiendermann s'est placé devant
moi et a tiré son épée. Nous sommes remontés en
wagon ; peu après, j'y étais rejoint par un officier
français, blessé et malade, le colonel Vitot, du 40°
de ligne. Nous avons pu parler de la France, de
l'armée, de nos malheurs, de l'avenir ! Le colonel se
rendait à Wiesbaden ; Il nous a quittés à la station
de Bingen. Je suis resté seul avec M. Hiendermann.

Nous sommes, enfin, arrivés à Coblentz vers onze
heures, et M. Hiendermann, selon les ordres dont
il était porteur, s'est rendu avec moi à l'hôtel du
gouverneur militaire des provinces rhénanes, le général Herwart von Butenfeld. Nous avons été introduits dans un vaste salon, où le général, vieillard de
70 à 72 ans, d'un aspect digne, grave, rigide,
travaillait en uniforme avec un officier. En apprenant
quelles avaient été mes fonctions, il a, sans doute,
tout d'abord pensé à l'explosion de la citadelle de
Laon ; il m'a regardé et m'a parlé avec rudesse.
Puis, sur les explications données par M. Hiendermann, il est devenu poli ; il a déploré les malheurs

de la guerre ; il m'a dit que ses deux fils avaient succombé devant Metz ; il a ajouté qu'il n'avait encore reçu aucune instruction à mon égard et qu'il était obligé de me faire renfermer dans la forteresse.

Peu d'instants après, un officier et deux soldats me conduisaient à l'hôtel du commandant de la place. J'ai attendu que certaines formalités eussent été remplies ; puis nous nous sommes acheminés vers ma destination. J'ai traversé le pont de bateaux sur le Rhin et un village. Nous sommes arrivés à la forteresse. La sentinelle a appelé aux armes avec ce cri rauque et guttural qui semble, la nuit surtout, et pour des oreilles étrangères, appartenir à quelque oiseau de proie. On a reconnu l'officier et nous avons franchi la première enceinte. Pendant une demi-heure, il a fallu gravir une route escarpée et s'arrêter à cinq ou six reprises devant des portes fermées, gardées, bordées de meurtrières et de canons. A chaque porte, le cri de la sentinelle s'élevait ; la reconnaissance avait lieu, nous passions. Cette course, dans le silence, dans les ténèbres, sur un rocher abrupt, au milieu de cet appareil, me semblait comme un rêve fantastique et me donnait le vertige. Nous avons atteint une plate-forme, autour de laquelle j'ai cru entrevoir vaguement des bâtiments de diverses hauteurs. L'officier a frappé à la porte d'un

de ces bâtiments. Un vieillard à la figure militaire
est venu nous ouvrir. Avant de prendre connaissance
de l'ordre que lui a présenté l'officier, il a revêtu
complètement son uniforme, ceint son épée ; j'ai
reconnu un capitaine. Après avoir échangé quelques
mots avec l'officier, il m'a accompagné vers l'extrémité des bâtiments, vers la prison. On a réveillé le
geôlier ; on m'a fait parcourir de longs corridors et
monter par un escalier en spirale. J'ai enfin dû pénétrer dans un cachot assez vaste. Un lit de camp,
une petite table et un tabouret en bois blanc en
composent l'ameublement. J'ai réclamé contre le
traitement qui m'était infligé ; on m'a répondu qu'on
exécutait des ordres. La porte s'est fermée avec
fracas ; le bruit des verroux a retenti longuement
dans les corridors. J'ai tracé ces lignes. Je vais
tâcher de prendre quelque repos sur le grabat. Que
Dieu me vienne en aide !...

Forteresse d'Ehrenbreitstein, 17 septembre, 8 h. du soir.

J'ai pu me rendre compte ce matin du lieu où je
suis renfermé. La cellule elle-même est grande,
fraîchement blanchie à la chaux. Elle a deux fenêtres
garnies de forts barreaux. On aperçoit en face une
caserne remplie de soldats ; dans l'angle une partie
de la plate-forme. Aux quatre coins et au milieu du

plafond sont enfoncés des crochets de fer, dont j'ignore l'usage. La porte, bardée de clous et de verroux, s'ouvre sur un long corridor auquel aboutissent un grand nombre d'autres cellules. Le geôlier m'a fait comprendre qu'elles étaient inhabitées pour le moment. Le règlement permet aux prisonniers de se promener pendant deux heures, chaque jour, sur la plate-forme en compagnie du geôlier et d'un soldat. J'ai demandé à user de cette faculté.

La plate-forme a une superficie de mille mètres carrés environ. Elle figure un parallélogramme. Un des côtés, celui qui domine le Rhin et Coblentz, est en terrasse; sur les trois autres côtés s'élèvent des fortifications et des édifices militaires. Un jeune volontaire, autorisé à me servir d'interprète, m'a donné quelques indications sur le passé de la forteresse. On croit qu'elle date du VIIe siècle; son nom signifie *la large pierre d'honneur*; elle est à 125 mètres au-dessus du Rhin. Les archevêques de Trèves l'ont possédée pendant la plus grande partie du moyen âge; ils y trouvaient un abri contre les déprédations et les luttes, dont la contrée fut si souvent le théâtre à cette époque. En 1631, l'électeur Philippe-Christophe de Soetern la livra aux Français, qui l'occupèrent pendant cinq ans. En 1688, elle fut assiégée sans succès par le maréchal de Boufflers et, en 1695, par le maréchal de Lorges. En 1799, à la suite d'un blocus qui réduisit la garnison à la famine, elle dut capituler et elle resta à la France jusqu'à la paix de Lunéville. Détruite par nos soldats lors de leur évacuation, elle appartient, depuis 1816, à la Prusse, qui a employé plus de 30 millions pour la réédifier et la compléter ; elle passe aujourd'hui pour un des boulevards les plus solides de l'Allemagne.

Vers l'une des extrémités de la terrasse, on a une perspective splendide. A la base du rocher à pic sur lequel se dressent les diverses enceintes de la forteresse, sont le village de Thal, le chemin de fer d'Ems, le Rhin ; au-delà, la ville de Coblentz avec ses quais bordés de riants hôtels, ses vastes places, ses monuments, dont plusieurs rappellent des souvenirs qui nous touchent ; à droite, ce clocher aux formes si abruptes est celui de l'église St-Castor, où se réunirent, dit-on, avant le traité de Verdun (843), les envoyés des fils de Louis le Débonnaire, pour procéder au partage de l'empire de Charlemagne ; au XIIᵉ siècle, saint Bernard y vint prêcher la croisade. Devant l'église est l'hôtel du gouvernement général des provinces rhénanes, où j'ai été amené hier soir. A gauche, cette lourde colonnade en saillie forme la façade principale du château qui sert de séjour d'été à la reine de Prusse ; c'est là qu'habitèrent, en 1792, les comtes de Provence et d'Artois. Plus loin, à l'horizon, la guerre et la paix mêlent leurs œuvres dans un contraste saisissant ; ici, des forts et des ouvrages de défense qui semblent les védettes d'Ehrenbreitstein. Auprès de deux de ces forts reposent, me dit le jeune volontaire, les restes des généraux Marceau et Hoche ; — là, de riches villages, des collines couvertes de bois ; puis, sur un autre point, la Moselle qui vient apporter le tribut de ses eaux au Rhin, couvert de bateaux à vapeur, de chalands et de radeaux.

Le geôlier m'a rappelé que les deux heures de promenade sont expirées. Je suis rentré dans ma cellule ; j'ai de nouveau entendu grincer longuement les verroux de toutes les portes. Je suis sans nouvelles de ma famille, de la France. Je n'ai reçu aucun avis de la Cour martiale.

Forteresse d'Ehrenbreitstein, du 18 au 23 septembre.

Le général Herwart von Butenfeld est venu me voir dimanche. Il a reçu les renseignements et les instructions me concernant qu'il attendait. On procède à une enquête au sujet de l'explosion de la citadelle de Laon, et l'on recherche si je n'y ai point participé. Je suis, en outre et surtout, accusé d'avoir continué les opérations du recrutement, alors que le département était déjà en partie envahi. Il n'a été question ni de ma proclamation, ni des mesures que j'ai prises pour la résistance. Sans doute, on n'ose plus maintenir de tels griefs. En ce qui touche à l'explosion, il m'a semblé résulter des paroles du général que je ne suis déjà plus sérieusement soupçonné. L'accusation relative au recrutement lui cause un embarras visible; homme d'honneur et de bon sens, il s'est soustrait à mes observations en me disant que je devais avoir confiance dans la justice et la droiture des tribunaux allemands.

Lundi, le colonel de Ditfurth, commandant en second de la forteresse, est venu me voir aussi. Il m'a appris que la duchesse Guillaume de Wurtemberg et le prince de Monaco, son frère, tous les deux propriétaires dans l'Aisne, informés par les journaux de ma détention, m'avaient instamment recommandé à la reine et au gouverneur général. Dans la même journée, M$^{me}$ Hammer, de Coblentz, m'a fait remettre deux lettres de ma femme, reçues par l'intermédiaire d'une religieuse du Sacré-Cœur. Mardi, enfin, un banquier m'a apporté une forte somme d'argent de la part de mon ami, M. de Marsilly, directeur général des mines d'Anzin.

Désormais, je sais du moins où est ma famille et que des cœurs généreux se préoccupent de mon sort.

8

Mon unique distraction est la promenade réglementaire de la plate-forme. Je retrouve là, relativement à l'organisation et à la vie militaire en Prusse, ce que j'ai déjà vu, à chaque pas, dans mon voyage : même activité, même régularité, même discipline, mêmes efforts incessants. Pendant toute la journée, on exerce des recrues au maniement des armes, au tir, à la marche, à des mouvements automatiques destinés à ployer et à assouplir l'âme encore plus que le corps. La soirée est consacrée à l'instruction professionnelle. Jamais de repos. Les casernes de la plate-forme renferment de trois à quatre mille soldats. Jamais non plus un cri, un rassemblement, un tumulte quelconque. Plusieurs fois par jour, des officiers de divers grades viennent contrôler, inspecter. Le geôlier lui-même, bien que je sois son seul prisonnier, semble ne pouvoir suffire à sa tâche.

Le volontaire à qui l'on permet quelquefois de s'associer à ma promenade me dit que l'organisation matérielle n'est ni moins précise, ni moins complète. Ce palais de Philippstaal, aux pieds de la forteresse, ancienne résidence des archevêques-électeurs de Trèves, ainsi que les bâtiments qui l'entourent, sont d'immenses magasins qui doivent toujours contenir des approvisionnements pour huit mille hommes pendant plusieurs mois, en vivres, munitions, vêtements, etc. Sous la plate-forme elle-même sont de vastes citernes où l'on renouvelle sans cesse une provision d'eau pour le même nombre d'hommes et pour le même temps.

C'est le soir et la nuit que je passe les moments les plus pénibles. Je n'ai pu me procurer qu'un seul livre, un recueil de poésies françaises à l'usage des écoles de filles de Coblentz. Le capitaine Wœchter, en me l'apportant, m'a dit qu'il appartenait à une de ses filles, jeune enfant de 14 ou 15 ans qui apprend le français et l'anglais et se destine à être gouvernante. Le capitaine a onze enfants; il en a eu dix-huit.

Coblentz, hôtel Bellevue, 24 septembre.

Hier soir j'étais rentré dans ma cellule depuis plusieurs heures, et j'y prenais mon repas accoutumé, — un morceau de viande et des pommes de terre, — lorsque le capitaine Wœchter est venu m'annoncer qu'un auditeur militaire désirait m'entretenir. J'ai demandé quelle était la nature de cette fonction; le capitaine m'a répondu qu'un auditeur militaire était un magistrat instructeur chargé de préparer les jugements des conseils de guerre et de régler, d'éclairer, auprès des généraux, les questions de légalité. J'ai pensé qu'il s'agissait de mon interrogatoire et de ma comparution devant la Cour martiale. L'auditeur est entré ; il y avait, en effet, dans sa personne, un mélange de légiste et d'officier. Il ne m'a parlé ni d'interrogatoire, ni de cour martiale ; il m'a prié de lui faire connaître si je voulais promettre sur l'honneur de rester interné à Coblentz, de ne correspondre que par l'intermédiaire du Gouverneur, de ne pas dépasser l'enceinte même de la ville, de ne pas sortir du domicile que je choisirais avant huit heures du matin, d'y rentrer à midi ; de n'en pas sortir de nouveau avant deux heures, d'y rentrer définitivement à six heures et, enfin, de ne pas fréquenter les établissements publics. Sur ma réponse affirmative, il a dressé une sorte de procès-verbal et il m'a dit que je serais en liberté le lendemain (1).

Ce matin, à onze heures, le capitaine a reçu l'ordre de m'ouvrir les portes de la forteresse. Lui-même et toute sa famille m'en ont témoigné leur satisfaction d'une manière très-cordiale. Hier encore, que j'espérais peu ce dénouement ! Je m'efforçais de m'habituer à la vue des barreaux de fer et du bruit des verroux, à l'isolement, à l'attente de la Cour martiale ! J'ai été soutenu dans cette épreuve par le

_____

(1) Pièce justif., n° 97.

sentiment religieux. J'ai tenu, avant de quitter ma cellule, à consigner ce souvenir sur l'une de ses murailles.

A midi, je me suis acheminé vers la ville. J'ai franchi ces nombreuses portes qui s'étaient fermées sur moi dans la nuit du 16 au cri rauque des sentinelles, qu'il me semblait entendre encore retentir à mes oreilles. Je me suis rendu aussitôt au télégraphe pour informer ma famille de ma délivrance relative, et j'ai pris une chambre à l'hôtel de Bellevue, où je savais rencontrer beaucoup d'officiers français, prisonniers de Sedan. J'y ai vu successivement le général Douai, le général Lebrun, le général de Vendeuvre, le général d'Outrelaine, le prince Bibesco, le colonel Davenet... Que j'ai été heureux de serrer la main de compatriotes et de parler de la France !...

M. Ferrand resta prisonnier sur parole à Coblentz jusqu'au 31 janvier 1871. A cette date, c'est-à-dire quelques jours après l'armistice, sur un télégramme spécial adressé au général Herwart von Buttenfeld par M. de Bismarck, il fut rendu à la liberté en même temps qu'un autre prisonnier civil, le préfet de Strasbourg (1). Il rentra en France par la Belgique

(1) Pièce justif., nᵒ 99.

et se retira dans sa famille, à Amiens. Pendant son séjour en Allemagne, il avait pu rendre à nos malheureux soldats d'utiles et nombreux services, en recevant et distribuant les secours qui lui étaient envoyés pour eux par les Comités de Suisse et de plusieurs des villes de France, — notamment Marseille et Bordeaux, — où il avait exercé des fonctions administratives.

Peu de temps après son retour, au mois de mars, lors de la réorganisation des préfectures, spontanément recommandé par le général Vinoy, alors commandant en chef de l'armée de Paris, à M. Thiers, qui lui-même s'était, précédemment, intéressé au prisonnier, M. Ferrand fut nommé préfet du Calvados. Après quelques hésitations et sur l'insistance de la députation du département, il accepta (1). Ce fut à la suite de ces circonstances qu'il devint notre confrère, puis, par l'élection du 24 novembre 1871, notre président.

(1) Pièce justif., nos 100, 101 et 102.

FIN.

# PIÈCES JUSTIFICATIVES.

### N° 1.

N° 1212.

Expédié à 5 h. 50 matin.

DÉPÊCHE TÉLÉGRAPHIQUE.

St-Quentin, 7 août 1870, 5 h. 37 m. matin.

*Sous-Préfet à M. le Préfet de l'Aisne ( Laon ).*

Toutes les dépêches relatives aux graves nouvelles de la guerre ont été affichées. Le patriotisme est ardent. On parle d'organiser un corps franc. Une députation doit aller vous consulter demain à ce sujet.

On se demande pourquoi la mobile n'est pas appelée. Je presse l'organisation des ambulances et des secours pour les blessés.

### N° 2.

DÉPÊCHE TÉLÉGRAPHIQUE.

Laon, 7 août 1870.

*Préfet à Sous-Préfet de St-Quentin.*

Merci pour les dispositions exprimées. On presse l'organisation de la mobile. Dans tout le département se manifeste l'élan le plus vigoureux.

* * *

## N° 3.

DÉPÊCHE TÉLÉGRAPHIQUE.

Laon, le 7 août 1870, matinée.

*Préfet à Intérieur.*

Ne serait-il pas possible de mettre immédiatement en œuvre la garde mobile du département de l'Aisne ? Les cadres des sous-officiers sont incomplets, mais les dispositions de tous excellentes. Il faudrait faire adresser immédiatement à l'autorité militaire des ordres, des armes et des habits.

Le *Préfet*,

Signé : J. FERRAND.

* * *

## N° 4.

N° 1216.

DÉPÊCHE TÉLÉGRAPHIQUE CHIFFRÉE.

Château-Thierry, le 7 août 1870, 6 h. 20 m. du soir.

*Sous-Préfet de Château-Thierry à M. le Préfet de l'Aisne ( Laon ).*

Quelque affectée que soit la population de Château-Thierry des tristes nouvelles de la journée, elle ne se laisse pas abattre et, pleine de courage, elle ne demande que des armes pour défendre le sol de la patrie. On veut organiser enrôlement de francs-tireurs ; et dans la garde nationale faut-il ouvrir registre enrôlement ?

---

## N° 5.

DÉPÊCHE TÉLÉGRAPHIQUE.

Laon, le 7 août 1870.

*Préfet à Intérieur,*

Rien ne sera négligé, dans l'Aisne, pour que chacun remplisse les devoirs qu'imposent les circonstances. A Laon, on continue à manifester les meilleures dispositions. La confiance se maintient, ainsi que je l'ai déjà signalé dans une dépêche d'aujourd'hui. Beaucoup de gardes mobiles demandent à être armés et à partir ; on répondrait au vœu public en pressant cette organisation.

*Le Préfet,*

J. FERRAND.

---

N° 1214.

## N° 6.

DÉPÊCHE TÉLÉGRAPHIQUE.

Paris, le 7 août 1870, 4 h. 30 m. du soir.

*Ministre de l'Intérieur à Préfet de l'Aisne ( Laon ).*

J'appelle l'attention du Ministre de la guerre sur votre dépêche.

## N° 7.

DÉPÊCHE TÉLÉGRAPHIQUE (1).

Paris, le 8 août 1870, 6 h. 40 m. du soir.

*Ministre Intérieur à Préfets, Sous-Préfets et Gouverneur général de l'Algérie.*

( Circulaire. )

Français,

Nous vous avons dit toute la vérité.

Maintenant à vous de faire votre devoir : qu'un même cri sorte de toutes les poitrines d'un bout de la France à l'autre.

Que le peuple entier se lève frémissant, dévoué pour soutenir le grand combat !

Quelques-uns de nos régiments ont succombé sous le nombre ; notre armée n'a pas été vaincue.

Le même souffle intrépide l'anime toujours !

Soutenons-la !

A l'audace, momentanément heureuse, opposons la ténacité qui dompte le destin ; replions-nous sur nous-mêmes et que nos envahisseurs se heurtent contre un rampart invincible de poitrines humaines !

Comme en 1792 et comme à Sébastopol, que nos revers ne soient que l'école de nos victoires !

Ce serait un crime de douter un instant du salut de la patrie et surtout de n'y pas contribuer.

(1) *Journal Officiel*, n° du mardi 9 août 1870.

Debout donc, debout !

Et vous, habitants du Centre, du Nord et du Midi, sur qui ne pèse pas le fardeau de la guerre, accourez d'un élan unanime au secours de vos frères de l'Est.

Que la France une dans le succès se trouve plus une encore dans les épreuves !

Et que Dieu bénisse nos armes !

*Le Garde des Sceaux, ministre de la justice et des cultes,*
Émile OLLIVIER.

*Le Ministre des affaires étrangères,*
DE GRAMONT.

*Le Ministre de l'intérieur,*
CHEVANDIER DE VALDROME.

*Le Ministre des finances,*
SEGRÈS.

*Le Ministre de la guerre par intérim,*
Général vicomte DEJEAN.

*Le Ministre de la marine et des colonies,*
Amiral RIGAULT DE GENOUILLY.

*Le Ministre de l'instruction publique,*
MÈGE.

*Le Ministre des travaux publics,*
PLICHON.

*Le Ministre de l'agriculture et du commerce,*
LOUVET.

*Le Ministre des lettres, sciences et beaux-arts,*
Maurice RICHARD.

*Le Ministre président du Conseil d'État,*
DE PARIEU.

## N° 8.

*Habitants du département de l'Aisne,*

En vous transmettant cette proclamation (1), je sais que je n'ai pas besoin de faire appel à votre patriotisme.

Que tous les concours, toutes les forces se réunissent ! Que la garde nationale se dispose à répondre au premier appel ! Qu'il s'organise des corps de francs-tireurs, des compagnies de garde nationale ! Le département est au poste d'honneur. Soyons prêts à nous lever tous, à seconder, pour le salut de la France, l'armée et l'empereur.

*Le Préfet de l'Aisne,*

J. Ferrand.

Laon, dimanche 7 août 1870.

---

## N° 9.

### DÉFENSE DE LA VILLE.

Exécution des travaux prescrits, lesquels sont :

1° Achever la coupure de la préfecture ;

2° Une seconde coupure semblable à la jonction des deux routes qui mènent à la porte d'Ardon ;

3° Déboucher le fossé qui se trouve en face de la porte de Soissons ;

(1) Voy. cette proclamation dans le n° du 8 août du *Journal Officiel.*

4° Faire une coupure en arrière de la rampe qui mène à St-Marcel ;

5° Palissader l'entrée de Chenezelles sur la promenade St-Jean.

Tous ces travaux sont indépendants de la fermeture des portes qui doit être assurée.

Il est urgent que tous ces travaux soient exécutés avant deux jours.

M. l'ingénieur ordinaire sera chargé de l'exécution des travaux depuis et y compris la route de Soissons jusqu'à la route de la gare inclusivement.

Travaux n° 3, n° 4, n° 5.

M. Coquebert doit avoir fait préparer ces palissades.

M. l'agent-voyer en chef sera chargé de l'exécution rapide des travaux sur la route d'Ardon. Il préparera aussi les moyens de boucher rapidement la porte d'Ardon en arrière de la barrière qui y sera placée.

Même observation pour M. l'ingénieur, en ce qui concerne la partie placée sous sa direction.

Rechercher les moyens d'obstruction, tels que voitures, tonneaux, etc., que l'on peut avoir sous sa main au dernier moment.

Dans le cas où un parti de cavalerie serait annoncé devant la ville, les autorités civile et militaire se réuniront à l'Hôtel-de-Ville et y resteront en permanence. Au rappel qui sera battu par l'ordre du général, la garde nationale se réunira sur la place de l'Hôtel-de-Ville.

A ce moment, M. l'ingénieur et l'agent-voyer en chef

feront fermer et obstruer les portes placées sous leur direction ; ils les visiteront et viendront rendre compte à l'autorité militaire.

---

## N° 10.

### ARMES.

Fusils.

Avant la loi du 12 août 1870, il y avait dans l'Aisne (compagnies de pompiers, garde nationale).  8,525

Depuis, 15,480 fusils ont été expédiés par l'administration de la guerre dans les chefs-lieux d'arrondissement. . . . . . . . . . . . .  15,480

En tout. . . .  24,005

Il peut y avoir dans le département 65 à 70,000 gardes nationaux (dans quelques jours, les listes seront à peu près complétées ; le nombre exact sera connu), soit. . . . . . . . . . . . . . .  68,000

Il faudrait donc encore, pour compléter l'armement . . . . . . . . . . . . . . .  43,995 et des cartouches (à raison de 36 par fusil).

On pense que 6,000 fusils et un nombre proportionnel de cartouches seraient suffisants actuellement.

Laon, le 25 août 1870.

## N° 11.

*Extrait des registres des délibérations du Conseil municipal de la ville de Laon.*

### Séance du 22 août 1870.

Le maire désirant initier le conseil à la connaissance de toutes les dispositions qui intéressent la ville, dans les graves circonstances que traverse le pays, lui donne connaissance d'une lettre par laquelle le général de brigade, commandant supérieur de la ville de Laon, requiert l'exécution de diverses mesures et de divers travaux à la charge de l'administration municipale. Cette lettre est ainsi conçue :

« Le général de brigade, commandant supérieur de « la ville de Laon, requiert, dans l'intérêt de la sûreté « de la place, les autorités civiles de prendre les mesures « suivantes : — assurer la fermeture des issues donnant « accès dans la ville ; — couper, au moyen d'une « tranchée, la route d'Ardon au-dessous de la Pré- « fecture et y placer des ponts volants. — Toutes les « portes devront être fermées à neuf heures.

« Signé : le général THÉREMIN-D'HAME. »

Sur la proposition de deux membres, le conseil émet les vœux ci-après et charge M. le Maire de les transmettre à l'autorité militaire :

1° Que le rétablissement des portes et la création

de nouveaux travaux de défense restent à la charge du budget de la guerre ; ces dépenses paraissant plus particulièrement nécessitées par des considérations *d'intérêt stratégique général*, que par *l'intérêt même de la ville* qui, déclassée par décret du 23 mars 1866, et n'ayant plus dès lors entretenu ses anciennes fortifications, ne pourrait, sans le concours d'une force militaire suffisante, songer à se mettre en état de défense ;

2° Que si les portes de la ville doivent être réglementairement fermées à neuf heures pendant la durée de l'état de siége, il soit loisible à tout citoyen de la ville ou des faubourgs de se faire ouvrir après s'être fait reconnaître par le préposé de l'autorité militaire.

Ont signé au registre : MM......

## N° 12.

N° 1722.

DÉPÊCHE TÉLÉGRAPHIQUE CHIFFRÉE.

Paris, 23 août 1870, 2 h. 45 m. du soir.
Reçue à 5 h. 40 m. du soir.

*Ministre de l'Intérieur à MM. les Préfets et Sous-Préfets des 17 départements du Nord : Haut-Rhin, Bas-Rhin, Meuse, Moselle, Meurthe, Haute-Saône, Doubs, Haute-Marne, Ardennes, Marne, Aube, Yonne, Seine-et-Marne, Aisne, Seine-et-Oise, Oise, Vosges.*

Tenez tant que vous pourrez devant l'ennemi et retardez sa marche par tous les moyens possibles. Si vous étiez menacé d'être pris, repliez-vous en arrière; laissez aux maires le soin de diriger les populations et de soutenir le moral.

N° 1762.

## N° 13.

DÉPÊCHE TÉLÉGRAPHIQUE.

Paris, 25 août, 12 h. 15 m. du matin.
Reçue à 1 heure du soir.

*Ministre de l'Intérieur à Préfets et Sous-Préfets des départements de l'Aube, Aisne, Marne, Haute-Marne, Haute-Saône, Yonne.*

Quand vous savez que l'ennemi s'avance dans une direction, prévenez le plus rapidement possible les populations, afin qu'elles puissent s'opposer à sa marche ou, si c'est impossible, essayer de sauver les récoltes du village.

N° 1822.

## N° 14.

DÉPÊCHE TÉLÉGRAPHIQUE.

Château-Thierry, 27 août 1870, 8 h. 25 m. du soir.

*Sous-Préfet à Intérieur, Paris et Préfet, Laon.*

J'apprends de source certaine que l'armée du Prince royal occupe Châlons et se dirige dans les directions de Reims et d'Épernay.

9

## N° 15.

DÉPÊCHE TÉLÉGRAPHIQUE.

Reims, 27 août 1870, 10 h. 25 m. du soir.

*Sous-Préfet à Préfet, Laon.*

Le Prince royal et le prince Albert ont traversé aujourd'hui Mourmelon et ont pris la route de Suippes. Une cavalerie nombreuse est signalée entre Châlons et La Veuve. Les reconnaissances prussiennes parcourent toujours les environs de Reims au nord et à l'est.

---

## N° 16.

DÉPÊCHE TÉLÉGRAPHIQUE.

Laon, 27 août 1870, 11 h. 1/2 du soir.

*Préfet à Intérieur.*

D'après télégramme de Château-Thierry sur les mouvements de l'ennemi, Soissons et Laon paraissent devoir se mettre immédiatement en mesure.

A Laon, nous hâtons les dispositions pour être à l'abri *d'un coup de main de cavalerie.* Nous avons un *bataillon de mobiles pas encore exercé au feu;* aucun *homme d'artillerie ni d'infanterie.*

A Soissons, 74 hommes d'artillerie, 1,200 hommes de

recrues d'infanterie; deux bataillons de mobiles. J'envoie par courrier lettre du sous-préfet sur la situation.

Général et moi emploierons toute notre énergie à tirer le meilleur parti de ces moyens et à y associer les populations.

Signé : J. Ferrand.

---

## N° 17.

N° 1830.

DÉPÊCHE TÉLÉGRAPHIQUE.

Paris, 28 août 1870, 10 h. du matin.<br>Reçue à 10 h 25 minutes.

*Ministre de la Guerre à Préfet de l'Aisne, Laon.*

J'ai reçu communication de votre dépêche au ministre de l'Intérieur ; tenez bon jusqu'au moment où, ayant la certitude que l'ennemi soit en force, vous reconnaîtrez qu'il y a urgence à vous retirer.

---

## N° 18.

N° 1842.

DÉPÊCHE TÉLÉGRAPHIQUE.

Paris, 28 août 1870, 4 h. 54 m. du soir.<br>Reçue à 5 h. 1 m.

*Ministre Intérieur à Préfets de Seine-et-Marne, Melun et de l'Aisne, Laon.*

Défendez-vous à outrance contre les coureurs ennemis.

N° 19.

Paris, le 28 août 1870.

Mon cher Préfet,

De l'énergie, de l'énergie, encore de l'énergie ! Voilà ce qu'on demande, en ce moment, à tous les préfets et notamment au préfet de l'Aisne. Je sors du Conseil privé, je n'ai que le temps de vous serrer la main.

Signé : DROUYN DE LHUYS.

---

N° 20.

Habitants de Laon,

Votre ville, chef-lieu de département, est aujourd'hui en mesure de rendre les services que ses ressources et sa situation comportent. Nous n'avons pas besoin de faire appel à votre patriotisme et nous pouvons compter sur vos efforts unanimes. L'honneur d'une ville, dans les circonstances où nous sommes, est de se montrer prête à tous les devoirs. Laon sera digne de ses annales, digne de notre chère patrie.

Laon, le 28 août 1870.

*Le Préfet,*                    *Le Général,*
   J. FERRAND.                    THÉRÉMIN D'HAME.

## N° 21.

*A MM. les Sous-Préfets, Maires, Commandants de garde nationale et de sapeurs-pompiers.*

Messieurs,

L'ennemi a paru dans les départements voisins. Nous pouvons être bientôt *exposés à des incursions de coureurs et de partis de cavalerie.* Le moment est venu de nous préparer à défendre nous-mêmes, nos foyers, notre honneur, notre patrie. Comme à Verdun, comme dans les Vosges qu'on se lève et qu'on s'organise partout; qu'un service de patrouilles s'établisse sur les points menacés; que les localités d'un même rayon se concertent et se solidarisent; que l'ennemi, dès son approche, soit signalé par les voies les plus rapides aux communes voisines, au chef-lieu d'arrondissement; qu'on entrave sa marche; qu'on coupe ses communications et ses convois; qu'on soustraie à ses réquisitions tous moyens d'alimentation et de transport. Le chef-lieu du département donnera l'exemple; il est prêt. L'ennemi se brisera devant l'énergie et le patriotisme de tous. Il n'est pas d'épreuves qu'un peuple viril ne puisse surmonter.

Le *Préfet*,

J. FERRAND.

Laon, 28 août 1870.

N° 22.

*Extrait des registres des délibérations du Conseil municipal de la ville de Laon.*

### Séance du 28 août 1870.

Le Conseil municipal, préoccupé à juste titre de la question de la défense de la ville, et après s'être éclairé de la manière la plus complète sur l'état de la citadelle et sur l'insuffisance bien avérée des moyens jusqu'alors pris par l'autorité militaire pour sa défense utile et celle de la ville, prend à l'unanimité la délibération suivante et nomme une commission composée de MM. . . . . . . . , pour se présenter chez le général, commandant supérieur de la ville de Laon, et le prier de vouloir bien attirer l'attention du Comité de défense sur les considérations qui y sont exprimées :

Le Conseil, en ce qui touche les mesures défensives prises et à prendre pour mettre la ville à l'abri d'une surprise ;

Considérant que, sur ce point, la ville, pénétrée du sentiment de ses devoirs civiques et de sa dignité, a toujours été fermement résolue à se défendre contre un coup de main et qu'elle s'est empressée de donner son concours aux mesures adoptées dans ce but.

En ce qui touche les mesures à prendre pour une résistance efficace en cas de siége :

Considérant que la défense de la citadelle et celle du plateau sont étroitement liées par la position même des lieux ; — que la défense de l'une est impossible sans celle de l'autre ;

Que si des considérations stratégiques puissantes nécessitent la défense de Laon, c'est à l'autorité militaire qu'il appartient de prendre les mesures nécessaires pour que cette défense soit efficace ;

Qu'une défense sérieuse et durable ne se comprend qu'avec l'établissement de redoutes et de batteries sur certains points du plateau et une garnison bien armée pour soutenir l'artillerie ;

Qu'aucune mesure, à cet égard, n'a été entreprise par l'autorité militaire ;

Que dans de semblables conditions, la ville de Laon, réduite aux seules ressources d'un bataillon de mobiles en formation, ne peut être considérée comme ayant par elle-même les forces suffisantes pour soutenir une défense ;

Que la concentration dans la citadelle de ces seules ressources, assurerait la destruction de la ville, en cas d'attaque de vive force de l'ennemi, sans utilité pour la défense même de la citadelle ;

Le Conseil, interprète des sentiments de toute la population, déclare que la ville est prête à tous les sacrifices pour la défense utile du plateau combinée avec celle de la citadelle, si, de son côté, l'autorité militaire se met en mesure d'établir les redoutes et fournir l'artillerie nécessaires.

Qu'en l'absence de ces dispositions, le Conseil considère comme son premier devoir de rester neutre et de laisser au Conseil de défense toute la responsabilité de ses actes. Signé au registre : tous les membres présents.

## N° 23.

*Extrait des registres des délibérations du Conseil municipal de la ville de Laon.*

L'an 1870, le 29 août, à deux heures de l'après-midi, les soussignés maire et conseillers municipaux désignés par la délibération qui précède à l'effet de communiquer au commandant militaire, président du Comité de défense, la résolution prise par le Conseil municipal, se sont transportés en la demeure du général Théremin d'Hame, rue du Chat, n° 11, où ayant obtenu audience de cet officier supérieur, ils lui ont remis une copie signée et certifiée par le maire de la délibération du 28 août 1870.

En foi de quoi ils ont rédigé le présent procès-verbal, qu'ils ont signé pour être annexé à la délibération susdatée et en constater l'exécution.

Ont signé : MM. . . . . .

## N° 24.

DÉPÊCHE TÉLÉGRAPHIQUE.

Laon, 28 août 1870.

*Préfet à Conseiller de Préfecture, à Guignicourt.*

Entendez-vous avec officier et maires pour mettre à l'abri les récoltes, pour qu'on nous informe de tout incident.

Examinez aussi par quel moyen on pourrait, dans un moment donné, empêcher ou retarder la marche de l'ennemi, soit sur la voie ferrée, soit sur les voies de terre.

Les francs-tireurs, remplacés par la compagnie de mobiles, vont être dirigés vers le sud du département.

Tenez-moi au courant.

---

## N° 25.

DÉPÊCHE TÉLÉGRAPHIQUE.

Laon, 28 août 1870.

*Préfet à Sous-Préfets de Soissons, Château-Thierry et Vervins.*

Ne perdez pas de vue les instructions données par Ministre de l'Intérieur pour mesures à prendre à l'effet d'empêcher ou d'entraver la marche de l'ennemi, de sauver les récoltes.

Ministère de l'Intérieur.
Cabinet du Conseiller
d'État directeur général
du personnel.

N° 26.

Paris, le 29 août 1870.

Monsieur le Préfet,

Je vous ai prescrit dès le 23 de tenir tant que vous pourrez devant l'ennemi, de retarder sa marche par tous les moyens possibles et de vous replier en arrière, si vous étiez menacé d'être pris. Vous continueriez de veiller à l'administration de votre département de la commune où vous vous seriez retiré.

Veuillez agréer, etc.

Pour le Ministre de l'Intérieur :

*Le Conseiller d'État, directeur général du personnel,*

Signé : Léon CHEVREAU.

———

N° 1874.

N° 27.

DÉPÊCHE TÉLÉGRAPHIQUE.

Paris, 30 août 1870, 11 h. 24 m. du matin.
Reçue à 11 h. 40 m. id.

*Ministre de l'Intérieur à Préfet de l'Aisne, à Laon.*

Bravo, c'est ainsi qu'il faut agir.

## N° 28.

Correspondance
autographiée.

**Paris, 30 août 1870.**

Nous n'avons rien à dire du théâtre de la guerre. Devant la terrible éloquence des événements, le télégraphe lui-même est presque muet, et nous attendons dans une fiévreuse impatience le résultat de la lutte gigantesque et acharnée de Bazaine et Mac-Mahon contre Frédéric-Guillaume et Frédéric-Charles, pendant que d'un autre côté retentit jusque dans nos cœurs l'écho douloureux et héroïque du canon de Strasbourg.

La confiance toutefois reste avec le courage dans tous les cœurs français. Secondé par la sympathie politique de la nation, de la presse et de la chambre, le ministère accomplit des prodiges. Indépendamment des troupes disponibles rappelées de tous les points de la France, de Rome et de l'Algérie, indépendamment des gardes mobiles appelés par une loi récente à l'honneur de partager les dangers et la gloire de l'armée active, l'infatigable général de Palikao, ministre depuis vingt jours, a créé et mis devant l'ennemi vingt-sept nouveaux régiments et à chaque heure affluent dans Paris, désormais assuré contre toute attaque, des troupes nouvelles pour remplacer celles qui se portent sur les différents points où leur présence est nécessaire.

En même temps, les approvisionnements de toutes

sortes s'accumulent ; les hôtes dangereux que nous
avions conservés trop longtemps s'éloignent de la capitale,
et de jour en jour nous nous trouvons mieux préparés à
subir les péripéties de cette longue et cruelle guerre
dont la France, au prix de bien des douleurs, sortira
grande et triomphante. Le sang versé ne sera pas perdu,
puisqu'il donnera à l'Europe une digue contre les en-
vahissements de l'insatiable ambition prussienne et le
gage d'une paix durable et féconde.

Bientôt sans doute les rapports de nos chefs d'armée
nous feront connaître les hauts faits de nos soldats ; en
attendant, sachons honorer le courage civique et mettons
à l'ordre du jour de l'administration française la circulaire suivante de M. le Préfet de l'Aisne ( Voir *sup.*, n° 21 ).

---

## N° 29.

JOURNAL DE L'AISNE.

Laon, le 31 août 1870.

Trois délégués de l'administration sont partis aujour-
d'hui pour les cantons situés sur la limite du département
et plus directement menacés par l'invasion, — si l'invasion n'est pas arrêtée à tout jamais par une victoire de
notre armée. Ces Messieurs doivent, nous dit-on, dis-
tribuer des armes aux gardes nationaux qui ne se
sont pas encore pourvus au chef-lieu, donner à leurs

officiers et à **MM.** les Maires les instructions nécessaires,
etc. Nous ne doutons pas que ces instructions, qui
seront le commentaire des circulaires du préfet et du
général commandant le département, ne soient accueillies partout avec le même patriotisme et ne déterminent
dans le pays une résistance énergique.

*(Communiqué.)*

## N° 30.

Laon, le 1ᵉʳ septembre 1870.

Les hommes de dévouement et d'énergie que le préfet
de l'Aisne a chargés d'aller s'entendre avec les conseillers
généraux, conseillers d'arrondissement, maires, commandants de garde nationale et sapeurs-pompiers, etc.,
pour l'organisation d'une résistance vigoureuse sur les
points les plus directement menacés, adressent les meilleurs renseignements au sujet de l'état moral du pays.
Partout on refuse de subir, on repousse la honte de
l'invasion. Les gardes nationaux et pompiers se concertent et s'organisent; ils ont reçu toutes les armes et munitions en dépôt dans le département; la préfecture en at-
tend de nouvelles d'un instant à l'autre. Des maires demandent à se joindre, un fusil à la main, à leur garde nationale.
Le préfet les y exhorte, se tenant prêt lui-même à se
placer au milieu de la garde nationale de Laon. Dans le

canton de Craonne, il se forme une compagnie de francs-tireurs sédentaires. Sur d'autres points, ceux des habitants des campagnes qui n'ont pas encore d'armes, annoncent qu'ils courront sus à l'ennemi et le harcelleront par tous les moyens possibles. D'un autre côté, beaucoup de propriétaires et cultivateurs commencent à organiser des convois de troupeaux et de denrées qu'ils dirigeront de manière à faire le vide autour de l'ennemi, à l'affamer en même temps qu'à approvisionner notre propre armée et la population. Enfin les travaux de coupures des routes et chemins, prescrits par le comité local de défense, sont déjà en voie d'exécution ; ils seront gardés jour et nuit par les pompiers. En un mot, c'est une guerre de guérillas, mais une guerre sacrée et légale qui s'organise activement. Tout atteste que si l'ennemi paraît, il rencontrera en nous des enfants dignes de la grande patrie, une défense et une résistance à outrance. Confiance et énergie.

*( Communiqué. )*

## N° 31.

N° 29027.

DÉPÊCHE TÉLÉGRAPHIQUE.

Paris, 1er sept. 1870, 6 h. 10 m. du soir.

*Ministre de l'Intérieur à Préfets de l'Aisne et de la Somme.*

Envoyez un délégué prendre à la direction de Bayonne 2,500 fusils rayés pour votre garde sédentaire.

## N° 32.

N° 1948.

DÉPÊCHE TÉLÉGRAPHIQUE.

Soissons, le 2 sept. 1870, 10 h. 25 m. du matin.

*Sous-Préfet à Préfet de l'Aisne ( Laon ).*

Il est urgent d'armer toutes les communes voisines des lignes de chemin de fer et des routes impériales. Je reçois à chaque instant les demandes les plus pressantes et les plus justes. Il faut que les points pouvant être menacés soient mis en état de défense, et depuis quatre jours il ne me reste plus un fusil. Veuillez, je vous prie, m'en faire expédier sans retard.

---

## N° 33.

N° 39766.

DÉPÊCHE TÉLÉGRAPHIQUE.

Laon, le 2 sept. 1870, 1 h. 10 m. du soir.

*Préfet de l'Aisne à Ministres Intérieur et Guerre.*

J'attends colonel du génie du 13ᵉ corps de minute en minute. Je me tiens prêt à prendre toutes les dispositions voulues pour aider à l'approvisionnement du 13ᵉ corps et faire le vide et résistance après lui. Général, capitaine de génie, ingénieur et agent-voyer en chef sont en permanence dans mon cabinet.

## N° 34.

N° 39894.

DÉPÊCHE TÉLÉGRAPHIQUE.

Laon , 2 sept. 1870 , 6 h. 20 m. du soir.

*Préfet de l'Aisne à Ministres Intérieur et Guerre.*

L'état-major du génie et la division Maud'huy du 13ᵉ corps arrivent à Laon. Nous prenons les dispositions pour l'installation des troupes et pour le commencement immédiat des nouveaux travaux de défense. D'après nouvelles reçues, le mouvement du corps d'armée s'effectue dans les meilleures conditions.

---

## N° 35.

N° 1974.

DÉPÊCHE TÉLÉGRAPHIQUE CHIFFRÉE.

Vervius, le 2 sept. 1870 , 10 h. 40 m. du soir.
Reçue à 11 h. 5 m.

*Sous-Préfet à Préfet de l'Aisne, à Laon.*

Le général de Lamortière arrive ; corps de Mac-Mahon défait hier sous Sedan ; maréchal blessé grièvement ; l'empereur peut-être prisonnier.

( Transmis de Laon au Ministre de l'Intérieur à Paris, même jour et même heure. )

## N° 36.

N° 39966.

DÉPÊCHE TÉLÉGRAPHIQUE.

Laon, le 2 sept. 1870, 11 h. 15 m. du soir.

*Préfet à Ministre Intérieur et Guerre, à Paris.*

Ce soir, rien de nouveau, sauf renseignements annonçant l'apparition d'un parti ennemi d'environ 300 chevaux dans le canton de Rozoy-sur-Serre. Nous faisons vérifier ces renseignements et nous recommandons de nouveau instamment le service d'éclaireurs. Des mesures sont prises par le général de Maud'huy pour couvrir la ville.

## N° 37.

4e Division militaire.
État-major.                    Reims, le 2 septembre 1870.

Monsieur le Préfet,

J'ai l'honneur de vous adresser copie d'une dépêche du ministre de la guerre ainsi conçue :

« Je ne trouve pas que l'action des préfets, des
« sous-préfets et des maires soit assez énergique pour
« entraîner la population à la défense du territoire.

« Prévenez tous les fonctionnaires sous vos ordres que
« je n'hésiterai pas à faire traduire devant un conseil de
« guerre ceux d'entre eux, à quelque degré de la hié-
« rarchie qu'ils appartiennent, qui montreront de la

10

« faiblesse dans l'exécution des ordres que j'ai donnés;
« il y va du salut du pays. »

Vous voudrez bien la communiquer à tous les fonctionnaires placés sous vos ordres, en leur adressant les
recommandations qui vous seront inspirées par votre patriotisme et votre dévouement.

Vous trouverez également ci-jointe une proclamation
que vous voudrez bien faire imprimer et faire afficher
dans toutes les communes de votre département.

Agréez, etc.

*Le général commandant la 4ᵉ division militaire,*

Mᵠᵘⁱˢ DE LINIERS.

**M. le Préfet de l'Aisne.**

---

## N° 38.

4ᵉ Division militaire.

### PROCLAMATION.

Le général commandant la 4ᵉ division militaire fait
appel au dévouement et au patriotisme de tous les fonctionnaires, à quelque degré de la hiérarchie qu'ils
appartiennent. Ils doivent par leur exemple et par leur
parole entraîner les populations à la défense du territoire
envahi.

Chacun doit comprendre que c'est seulement en unis-
sant ses efforts qu'on peut triompher d'un ennemi qui

ravage tout et qui a violé cent fois les droits des peuples civilisés.

Repoussons donc la crainte de représailles comme un sentiment lâche et pusillanime. Il ne peut y avoir de sauvegarde pour les familles et les biens que dans le dévouement de tous les Français à la cause commune.

Que chacun s'arme, que tous s'unissent pour défendre nos foyers menacés ; le salut du pays en dépend.

Au quartier général, à Reims, le 2 septembre 1870.

*Le général commandant la 4ᵉ division militaire,*

Mᵃⁱˢ DE LINIERS.

---

N° 39.

Ministère de l'Intérieur.
Cabinet
du Conseiller d'État
secrétaire général
du personnel.

Paris, le 3 septembre 1870.

Monsieur le Préfet,

J'ai lu avec beaucoup d'intérêt le bulletin (*sup.*, nᵒˢ 29 et 30) que vous avez fait publier afin de stimuler et de généraliser le mouvement de résistance patriotique dans votre département. Je ne puis qu'en approuver les termes et vous féliciter d'en avoir pris l'initiative.

Agréez, etc.

Signé : Léon CHEVREAU.

*Aisne.*

## N° 40.

Département
de l'Aisne. MAIRIE DE LA VILLE DE LAON.

### Note sur l'alimentation de la ville.

*Pain.* — Les acquisitions en farines faites par la municipalité, les particuliers et les approvisionnements des boulangers, donnent jusqu'ici 3,000 quintaux ; ce nombre s'augmente chaque jour.

Les cultivateurs du dehors ont amené depuis deux jours environ 1,000 sacs de blé et continuent d'en amener. Ces blés seront mis à la disposition de l'administration militaire ou civile ; en cas de besoin, le moulin de l'Hôtel-Dieu travaillant jour et nuit pourra être mis en réquisition.

En dehors de la manutention militaire, les boulangers de la ville peuvent faire par 24 heures 10,000 kilog., dans lesquels se trouve comprise la consommation de la population.

Il serait bon de recevoir de l'intendance, s'il est possible, l'indication du nombre de kilos de pain que les boulangers auraient à fabriquer.

*Viande.* — Les bouchers ont été invités à faire des approvisionnements. Les cultivateurs du dehors sont engagés à amener le plus grand nombre possible de bestiaux. Ces bestiaux arrivent et sont placés dans des locaux fournis par la municipalité.

Laon, le 3 septembre 1870.

*Le Maire,*

Signé : VINCHON.

## N° 41.

N° 40063.

DÉPÊCHE TÉLÉGRAPHIQUE.

**Laon, le 3 septembre, 10 h. 6 m. du matin.**

*Préfet de l'Aisne à Ministres Intérieur et Guerre.*

Un officier de mobiles, que j'ai envoyé cette nuit dans la direction de Rozoy-sur-Serre, m'informe qu'un corps de 10,000 Prussiens environ, campé actuellement à Ecly, aurait occupé Rethel.

Un corps de cavalerie française aurait été vu à Any. Un autre corps français se repliait sur Hirson. J'attends de minute en minute des renseignements par exprès. Rien de positif encore au sujet du général Vinoy.

Approvisionnements pour le moment dans de bonnes conditions.

---

## N° 42.

N° 1985.

DÉPÊCHE TÉLÉGRAPHIQUE CHIFFRÉE.

**Vervins, le 3 sept. 1870, 11 h. du matin.**

*Sous-Préfet à Préfet de l'Aisne (Laon).*

Étant donné le désastre connu, envoyez instructions précises sur mesures à prendre quant aux papiers de la sous-préfecture.

A l'égard de la révision : sur ce que je dois faire en ce qui me concerne ; dois-je me laisser constituer prisonnier ? Dois-je me retirer à Laon ? Général de La Mortière pense qu'un détachement de cavalerie ennemie peut être ici demain ou après, et que toute résistance serait folie.

Nombre assez considérable d'officiers isolés devant probablement passer par ici, il importerait d'envoyer matériel au chemin de fer pour établir communication entre Vervins et Laon.

## N° 43.

DÉPÊCHE TÉLÉGRAPHIQUE.

Laon, 3 sept. 1870, 1 h. du soir.

*Préfet à Sous-Préfet Vervins.*

Dans les circonstances actuelles, il faut que chacun fasse pour le mieux, selon les inspirations du devoir et du moment.

La plupart de vos papiers sont sans intérêt.

Pour la révision, pour votre conduite personnelle, vous aviserez selon les instructions que vous avez reçues comme moi du ministère; selon l'honneur, selon l'intérêt public.

Vous devez comprendre que je ne puis prévoir avec précision ce que vous devez faire. Pour le moment, renseignez-vous autant que vous pourrez; maintenez le plus possible calme, fermeté et énergie.

Je télégraphie au chef de gare pour le matériel que vous demandez.

---

## N° 44.

DÉPÊCHE TÉLÉGRAPHIQUE.

Laon, 3 sept. 1870.

*Préfet à Intérieur et Guerre (Paris).*

A raison de la position topographique du département, les demandes d'armes pour la garde nationale sédentaire deviennent de plus en plus pressantes et multipliées.

Serait-il possible de m'envoyer au moins un certain nombre de fusils pour demain? Je n'aurai ceux de Bayonne que dans trois ou quatre jours.

---

## N° 45.

DÉPÊCHE TÉLÉGRAPHIQUE.

Laon, le 2 sept. 1870.

*Préfet de l'Aisne à Sous-Préfet Soissons.*

J'ai demandé d'urgence, depuis plusieurs jours déjà, les fusils pour les gardes nationaux sédentaires; aussitôt que j'en aurai reçu, je vous ferai un envoi.

— 154 —

## N° 46.

Ministère de l'Intérieur.

Paris, le 3 septembre 1870.

Pas un fusil à envoyer. Nous n'en avons pas. La Guerre
en promet. Hélas ! nouvelles détestables : 1° Bazaine refoulé
et bloqué sous Metz ; Mac-Mahon battu et blessé ; 3° l'empereur dans Sedan.

---

## N° 47.

Louis GILLET,
notaire
à Gomont ( Ardennes ),
successeur
de Mᵉ Louis Saint-Denis.

St-Germainmont, 3 sept. 1870.

Monsieur le Préfet de l'Aisne,

Je crois devoir vous prévenir qu'une division de l'armée
prussienne, environ 10,000 hommes, composée d'infanterie, cavalerie et artillerie, a occupé hier, à 4 heures du
matin, la ville de Rethel ; elle a quitté cette ville hier au
soir et est venue camper à Ecly et à Château-Porcien.
L'artillerie campait à Ecly, sur la route impériale de
Rethel à Marles. On fait courir le bruit qu'elle se dirigerait
vers Rosoy en suivant la route impériale ( sous toutes réserves).

Recevez, monsieur le Préfet, etc.

Signé : SAREN.

## N° 48.

N° 2018.

DÉPÊCHE CHIFFRÉE EN PARTIE ( *chiffre non retrouvé* ).

Mézières. 3 sept. 1870, 5 h. 45 m. soir.
Reçue à 6 h. 5 m. soir.

*Préfet à Préfet, à Laon.*

Le général Vinoy parti de Mézières à une heure du matin, allant sur....., voulant aller de là, à ce qu'il m'a dit, vers.....; mais des circonstances que j'ignore ont pu modifier ses instructions.

---

## N° 49.

N° 2014.

DÉPÊCHE TÉLÉGRAPHIQUE.

Hirson, le 3 sept. 1870, 5 h. 59 m. soir.
Reçue à 6 h. 15 m. soir.

*Juge de paix à Préfet ( Laon ).*

Le général de Bernis arrive; déclare que le général Vinoy a dû prendre la direction de Laon. Les troupes d'infanterie et de cavalerie arrivent continuellement à Hirson; 25,000 environ se sont déjà arrêtés dans le bourg; ils sont suivis encore par de nombreux traînards échelonnés sur la route.

## N° 50.

N° 2012.

DÉPÊCHE TÉLÉGRAPHIQUE.

Hirson, le 3 sept. 1870.

*Juge de paix à Préfet, à Laon.*

Les officiers supérieurs de passage à Hirson déclarent
que le général Vinoy, à la tête de très-peu de troupes, a
pris la direction de Reims. Le défilé des troupes de cavalerie et d'artillerie en retraite sur Hirson a commencé hier,
à 2 heures de l'après-midi, et se continue avec de rares
interruptions.

(Transmission immédiate des dépêches ci-dessus aux
Ministres de l'Intérieur et de la Guerre sous le n° 40235.
Laon, 3 sept., 6 h. 15 m. du soir).

## N° 51.

N° 2019.

DÉPÊCHE TÉLÉGRAPHIQUE.

Guignicourt, le 3 sept. 1870, 6 h. 35 m. soir.

*Capitaine Bouxin à Préfet et à Général, à Laon.*

Le maire de Gomont nous signale la division prussienne
de 10,000 hommes environ qui occupait Rethel hier matin,
puis campait hier soir, partie pour Ecly, puis partie à
Château-Porcien. Cette dernière, repliée vers Ecly, a laissé

une compagnie du génie qui vient de miner les ponts de Château-Porcien. On craint que cette compagnie vienne miner ce soir les ponts de Balham et d'Asfeld. Cette division se compose de cavalerie, infanterie et artillerie.

## N° 52.

N° 2023.

DÉPÊCHE TÉLÉGRAPHIQUE (*chiffre spécial*).

Paris, le 3 sept. 1870, 6 h. 45 m. soir.
Reçue à 8 h. 20 m. soir.

*Intérieur à Préfets.*

Notre armée a subi un grand revers; mais les peuples qui s'abandonnent méritent le mépris de l'histoire. Soyons plus forts que le mauvais destin. Je compte sur votre patriotisme et votre dévouement.

## N° 53.

N° 2022.

DÉPÊCHE TÉLÉGRAPHIQUE (*chiffre spécial*).

*Intérieur à Préfets*, *à Laon*, *Amiens*, *Lille*, *Beauvais*, *Arras*, *Melun*, *Troyes*, *Versailles* (très-urgent).

Paris, le 3 sept. 1870, 7 h. soir.
Reçue à 8 h. soir.

Notre armée a subi un grand revers à Sedan. L'ennemi se dirigera sans doute sur Paris. Gagnez-le de vitesse et coupez les routes, les ponts, détruisez les écluses devant lui.

## N° 54.

N° 2020.

DÉPÊCHE TÉLÉGRAPHIQUE.

Coucy, le 3 sept. 1870, 7 h. du soir.

*Le Maire de Coucy à M. le Préfet de l'Aisne.*

Je vous transmets l'avis suivant de M. le Maire de Montigny-la-Cour :

« Huit mille Prussiens sont rejetés sur l'Aisne, sans car-
« touches, sans munitions ; ils sont près de Neufchâtel.
« Envoyez immédiatement faire main-basse sur ces troupes
« qui jettent l'effroi dans la campagne. »

*Le Maire de Coucy,*

Marquis DE SAINT-VALLIER.

---

## N° 55.

DÉPÊCHE TÉLÉGRAPHIQUE.

Laon, 3 sept. 1870.

*Préfet de l'Aisne à Capitaine Bouxin, à Guignicourt.*

Assurez-vous positivement s'il est vrai qu'un corps de
Prussiens sans cartouches et sans armes serait près de
Neufchâtel.

## No 56.

N° 40157.

DÉPÊCHE TÉLÉGRAPHIQUE.

Laon, le 3 sept. 1870, 2 h. 25 m. du soir.

*Préfet à Ministre Intérieur et Guerre.*

Rien depuis ce matin n'est venu confirmer les nouvelles extrêmes données cette nuit par le sous-préfet de Vervins, d'après les renseignements du général de La Mortière.

Nous sommes toujours sans indication sur la marche du général Vinoy. Des exprès le recherchent dans différentes directions. Par conséquent, je rappelle que le télégramme chiffré arrivé hier et lettre parvenue ce matin émanant du ministère de la guerre n'ont pu lui être remis.

---

## No 57.

*Guerre à général Maud'huy, à Laon, pour remettre au général Vinoy dès qu'il le pourra.*

Savez-vous quelles sont les forces qui vous poursuivent? Avez-vous combattu? Voilà le général d'Exéa qui se dirige sur Soissons. *Ne vous serait-il pas possible de faire front et de bousculer la tête des colonnes de l'ennemi?* (Siége de Paris, par le général Vinoy. — Appendice, p. 432.)

## N° 58.

DÉPÊCHE TÉLÉGRAPHIQUE.

Laon, le 3 sept. 1870, 11 h. du soir.

*Préfet à Intérieur et Guerre.*

Nous venons de combiner, général de Maud'huy, colonel du génie Dupoët, général Théremin, ingénieur, agent-voyer en chef et moi, les mesures à prendre pour entraver, après le passage des troupes françaises en retraite, la marche de l'ennemi.

Toujours aucuns renseignements précis concernant le général Vinoy; nous faisons partir de nouveaux exprès pour le rechercher et l'aider.

---

## N° 59.

N° 40404.

DÉPÊCHE TÉLÉGRAPHIQUE.

Laon, 4 sept. 1870, 9 h. du matin.

*Préfet à Ministres de l'Intérieur et Guerre.*

Exprès envoyés nous informent que le général Vinoy quitte ce matin Montcornet, 33 kilomètres de Laon, se dirigeant directement sur Marle et Laon, avec division d'infanterie, artillerie considérable, régiment de cavalerie; le tout très-fatigué, mais intact.

## N° 60.

N° 3606.

DÉPÊCHE TÉLÉGRAPHIQUE.

Paris, le 4 sept. 1870, 6 h. 47 m. soir.

*Circulaire à MM. les Préfets, Sous-Préfets, Généraux, Gouverneur général Algérie et à toutes les stations télégraphiques de France.*

République Française.

MINISTÈRE DE L'INTÉRIEUR.

La déchéance a été proclamée au Corps législatif. La République a été proclamée à l'Hôtel-de-Ville. Un gouvernement de défense nationale composé de onze membres, tous députés de Paris, a été constitué et ratifié par l'acclamation populaire; les noms sont : Arago Emmanuel, Crémieux, Favre Jules, Gambetta, Garnier-Pagès, Glais-Bizoin, Pelletan, Picard, Rochefort, Simon Jules.

Le général Trochu est à la fois maintenu dans ses pouvoirs de gouverneur de Paris et nommé ministre de la guerre en remplacement du général de Palikao.

Veuillez faire afficher immédiatement et au besoin proclamer par le crieur pubic la présente déclaration.

Pour le Gouvernement de la Défense nationale :

*Le Ministre de l'Intérieur,*

Signé : Léon GAMBETTA.

## N° 61.

N° 40730.

### DÉPÊCHE TÉLÉGRAPHIQUE.

Laon, le 4 sept. 1870, 9 h. du soir.

*Préfet de l'Aisne à M. le Ministre de l'Intérieur.*

Je reçois votre dépêche annonçant la révolution. Je ne puis continuer mes fonctions avec honneur. Je vous prie d'agréer ma démission. Je confie le service à M. le Secrétaire général. Je m'unirai à la municipalité et aux habitants de Laon pour la défense du pays et le maintien de l'ordre.

*Signé :* Jh. Ferrand.

---

## N° 62.

Laon, le 4 sept. 1870, minuit.

*Préfet à Sous-Préfets de l'Aisne.*

J'ai adressé ma démission à M. le Ministre de l'Intérieur. Je confie le service à M. le Secrétaire général. Je m'unirai aux habitants pour la défense du pays et le maintien de l'ordre.

---

## N° 63.

DÉPÊCHE TÉLÉGRAPHIQUE.

Paris, 4 sept. 1870, 5 h. 20 m. soir.

*Guerre à général Vinoy, Marle (Aisne).*

La révolution vient de s'accomplir à Paris. Revenez avec votre corps d'armée vous mettre à la disposition du gouvernement qui s'établit.

(*Siége de Paris*, par le général Vinoy, Appendice, p. 433.)

## N° 64.

AUTRE DÉPÊCHE.

Même jour.

« Ne pas s'occuper de défendre Laon et regagner Paris « avec le corps d'armée. »

(*La Retraite sur Mézières*, par Ch. Yriarte, p. 56.)

## N° 65.

N° 40821.

DÉPÊCHE TÉLÉGRAPHIQUE.

Laon, 5 sept. 1870.

*Préfet démissionnaire à Ministres de l'Intérieur et de la Guerre, Paris.*

Des éclaireurs envoyés dans la direction de Reims signalent la présence de uhlans à Guignicourt et à Loivre.

11

L'ennemi ayant pénétré dans le département, je crois de mon honneur de continuer à faire tout le possible pour la résistance; mais il est de mon honneur aussi qu'il n'existe dans le pays aucun doute sur ma démission; la transmission des ordres du gouvernement et le service administratif sont donc remis à M. le Secrétaire général.

## N° 66.

*Même jour.*

*Préfet démissionnaire à Sous-Préfets de l'Aisne.*

Je ne saurais trop vous demander de continuer, comme je le fais moi-même, à remplir les devoirs contre l'ennemi et pour le pays.

## N° 67.

DÉPÊCHE TÉLÉGRAPHIQUE.

Laon, 5 sept. 1870.

*Préfet démissionnaire à Ministres de l'Intérieur et Guerre.*

On signale des uhlans dans nos environs. Le général Vinoy est arrivé à Laon. Ses troupes intactes et en bon ordre partent pour Paris par chemin de fer.

## N° 68.

Le général commandant le 13ᵉ corps d'armée, après avoir conféré avec M. Ferrand, préfet de l'Aisne démissionnaire, et M. Théremin d'Hame, général commandant le département, donne les ordres qui suivent :

1° Des cartouches seront sur-le-champ délivrées à la garde nationale sédentaire, à la garde mobile, aux sapeurs-pompiers, à tous les citoyens de bonne volonté ;

2° En cas d'une approche de uhlans, le rappel sera immédiatement battu. La garde nationale et la garde mobile se réuniront d'urgence sur la place de l'Hôtel-de-Ville et prendront position ;

3° Les fonctionnaires se déclareront en permanence à l'Hôtel-de-Ville ;

4° S'il y a lieu, le général s'enfermera dans la citadelle avec les forces sous ses ordres.

Fait à l'hôtel de la préfecture, le 5 septembre 1870.

*Le général commandant le 13ᵉ corps d'armée,*
Signé : VINOY.

## N° 69.

N° 41307.

DÉPÊCHE TÉLÉGRAPHIQUE.

Laon, le 5 sept. 1870, 10 h. 15 m. soir.

*Préfet démissionnaire à Ministre de l'Intérieur.*

Depuis ce matin aucune nouvelle se rattachant aux

mouvements de l'ennemi dans le département ; tout paraît indiquer qu'il prend la direction de Reims.

**A Laon**, les dispositions en vue de se mettre à l'abri d'un coup de main se complètent.

Les opérations du tirage et de la révision sont commencées dans chacun des arrondissements.

Le général Vinoy est encore à Laon. L'insuffisance du matériel de chemin de fer retarde le départ des troupes.

—————

N° 41350.

## N° 70.

DÉPÊCHE TÉLÉGRAPHIQUE.

Laon, le 6 sept. 1870, 8 h. 40 m. matin.

*Préfet à Ministres Intérieur et Guerre.*

Le général Vinoy, les troupes d'infanterie, de cavalerie et d'artillerie sous ses ordres, viennent de quitter Laon, se dirigeant par étapes sur La Fère, Tergnier et Paris. Le matériel pour les transports n'est pas arrivé. Le général espère en trouver à La Fère ou à Tergnier. D'après avis du commandant de place de Soissons, les communications de cette ville seraient menacées. Rien de nouveau à Laon ni dans les environs immédiats.

—————

## N° 71.

N° 30089.

DÉPÊCHE TÉLÉGRAPHIQUE.

Paris, 6 sept. 1870, 8 h. 59 m. matin.

*Ministre de l'Intérieur à Préfet, à Laon.*

Nous venons de charger le ministre des Travaux publics
d'envoyer matériel à Laon.

---

## N° 72.

DÉPÊCHE TÉLÉGRAPHIQUE.

Tergnier, 6 sept. 1870.

*Général Vinoy à Préfet, Laon.*

Tout mon monde est-il parti? L'employé du télégraphe
perd la tête et nous annonce que l'ennemi arrive à Laon.
Cela n'est pas possible. Dites-moi ce que vous en pensez.
J'attends la réponse au télégraphe.

---

## N° 73.

N° 41345.

DÉPÊCHE TÉLÉGRAPHIQUE.

Laon, 6 sept. 1870, 1 h. 15 m. soir.

*Préfet à Ministre de l'Intérieur.*

Les mesures concernant récoltes et troupeaux ont été
depuis plusieurs jours réclamées et prises dans l'Aisne.

Elles vont être complétées. Toujours rien de nouveau sur approche de l'ennemi, ni à Laon, ni dans les arrondissements.

---

## N° 74.

N° 41647.

### DÉPÊCHE TÉLÉGRAPHIQUE.

Laon, 6 sept. 1870.

*Préfet démissionnaire à Ministres Intérieur et Guerre.*

Une partie de la garde mobile de Laon, encore peu disciplinée, refuse d'entrer à la citadelle, prétend qu'elle veut aller à Paris ; devient ainsi un sujet de complication et de démoralisation *dans la ville, où nous n'avons plus aucune troupe, aucune gendarmerie.* Je crois, dans les circonstances actuelles, que l'intérêt public serait de garder à la citadelle les mobiles de résolution, de laisser les autres partir pour Paris. Je n'aperçois aucune autre solution. *Je répète que Laon ne possède aucune force.*

Je ne saurais trop appeler aussi l'attention immédiate sur les bataillons de mobiles qui sont à La Fère, à Guise, à Villers-Cotterets. Il semble que, sous tous les rapports, il serait préférable de les appeler à Paris. Nulle part on ne les maintiendrait plus difficilement que près de leurs propres familles, que beaucoup considèrent comme en danger.

---

## N° 75.

N° 41628.

### DÉPÊCHE TÉLÉGRAPHIQUE.

Laon, le 6 sept. 1870, 3 h. 15 m. soir.

*Préfet démissionnaire à Ministre Intérieur et Guerre.*

Jusqu'à présent aucune approche immédiate de uhlans, ni de corps prussiens. Malheureusement beaucoup de crainte dans les campagnes et partout. Deux cantons viennent de subir fort régulièrement à Laon les opérations de la révision. Grandes difficultés pour le départ des conscrits. Pas de chef de détachement, pas de communication par les voies ferrées. Attente de l'ennemi dans les familles.

## N° 76.

N° 41443.

### DÉPÊCHE TÉLÉGRAPHIQUE.

Laon, 6 sept. 1870, 10 h. 35 m. soir.

*Préfet démissionnaire à Ministres Intérieur et Guerre.*

On annonce un parti de cavalerie ennemie à quelques kilomètres de Laon, qui serait suivi du corps prussien signalé depuis quelques jours dans les environs de Château-Porcien et Neufchâtel. Je crois, pour le moment, à de la crainte plutôt qu'à de la réalité. Je fais et je ferai jusqu'au dernier moment tout ce qui sera en mon pouvoir pour l'honneur et pour le pays. Lorsque les Prussiens seront à Laon, ma femme se retirera à l'Hôtel-Dieu. Quant à moi je resterai tant que je pourrai à Laon. Je serai en mesure alors encore de remplir des devoirs.

Le général Vinoy est arrivé de sa personne à Tergnier. Je reçois à l'instant un télégramme de lui. Je maintiens encore les appareils télégraphiques.

---

## N° 77.

DÉPÊCHE TÉLÉGRAPHIQUE.

Paris, 6 sept., 6 h. soir.

*Circulaire à Préfets.*

Le corps du général Vinoy est arrivé intact à Paris, à quatre heures du soir. La défense de Paris continue à s'organiser avec la plus grande rapidité, grâce au concours de toute sa population et l'ordre parfait qui y règne.

---

## N° 78.

N° 30378.

DÉPÊCHE TÉLÉGRAPHIQUE.

Paris, 6 sept. 1870, 9 h. 13 m. soir.

*Ministre de l'Intérieur à Préfet, à Laon.*

Exécutez les instructions que va vous envoyer le Ministre de la Guerre.

## N° 79.

N° 41760.

DÉPÊCHE TÉLÉGRAPHIQUE.

Laon, 6 sept. 1870.

*Préfet démissionnaire à Ministres Intérieur et Guerre.*

J'apprends communication adressée par le général. Sur observations de moi, le Conseil municipal de Laon a expressément infirmé et annulé ce qu'il avait un instant précipitamment décidé. Il n'y a eu aucune publication.

---

## N° 80.

N° 41692.

DÉPÊCHE TÉLÉGRAPHIQUE.

Laon, 6 sept. 1870, 4 h. du soir.

*Préfet démissionnaire à Ministres de l'Intérieur et Guerre.*

Reconnaissance de 28 cavaliers prussiens vient de se présenter à l'entrée de la ville. Après un échange de coups de ·feu avec le poste de mobiles, la reconnaissance s'est retirée laissant 3 prisonniers. Je viens de les interroger moimême. Ils ont déclaré qu'ils appartiennent à un corps d'infanterie, de cavalerie et d'artillerie qui est à une certaine distance de Laon. Ces trois prisonniers paraissant convaincus qu'on allait les fusiller, on s'est hâté de les rassurer. Un habitant a été atteint d'une balle. Aucun des prisonniers n'est blessé.

N° 81.

N° 30363.

DÉPÊCHE TÉLÉGRAPHIQUE.

Paris, 6 sept. 1870, 6 h. 41 m. soir.

*Ministre de l'Intérieur à Préfet ( Laon ).*

Restez à votre poste. Vous avez toute notre confiance. Le gouvernement vous est reconnaissant de votre noble attitude devant l'ennemi.

———

N° 82.

N° 41970.

DÉPÊCHE TÉLÉGRAPHIQUE.

Laon, 7 sept., 7 h. 45 m. matin.

*Préfet démissionnaire à Ministre de l'Intérieur.*

Rien de nouveau à Laon. Je vous remercie de votre bienveillant télégramme de cette nuit. Aucun gouvernement n'a avantage à avoir des fonctionnaires, des préfets surtout, ne se préoccupant que de leur place. Je perdrais l'estime des honnêtes gens, la vôtre, toute autorité morale, s'il n'était constaté que j'ai donné ma démission, et que je reste en fonctions pour remplir les devoirs qu'imposent les circonstances.

## N° 83.

N° 42077.

DÉPÊCHE TÉLÉGRAPHIQUE.

Laon, 7 sept. 1870, 10 h. 55 m. matin.

*Préfet démissionnaire à Ministre de l'Intérieur.*

J'exécute vos instructions en ce qui touche la garde mobile de Laon. Je vais m'entendre avec général pour que les bataillons en résidence à La Fère et à Crepy, celui en résidence à Guise et à Vervins, soient immédiatement renfermés dans les citadelles. Cette mesure me paraît seule pouvoir empêcher leur désorganisation et créer discipline.

Rien de nouveau ce matin ; la reconnaissance ennemie s'est repliée à 8 kilomètres.

---

## N° 84.

N° 41918.

DÉPÊCHE TÉLÉGRAPHIQUE.

Laon, 7 sept. 1870, 12 h. 30 m. soir.

*Préfet démissionnaire à Ministre de l'Intérieur.*

Situation dans l'Aisne, en réponse à votre question : angoisses extrêmes au sujet de l'invasion. Malheureusement, surtout dans les campagnes, plus d'abattement que de ressort. Partout ordre complet. A St-Quentin, le Conseil municipal a voté une adresse d'adhésion au nouveau gouvernement. Dans les autres chefs-lieux, généralement attitude expectante.

## N° 85.

N° 31.002.

Paris, 7 sept. 1870, 5 h. 40 m. soir.

*Ministre de l'Intérieur à Préfets de l'Aisne et de l'Oise.*

On signale une grande agglomération de paysans gardant dans les bois de Villers-Cotterets une certaine quantité de bétail que, d'après renseignements reçus sur le parcours, on peut évaluer à 30,000 bœufs et plus de 15,000 moutons. Je vous prie de prendre les mesures qui vous paraîtront les plus convenables.

---

## N° 86.

N° 4124.

DÉPÊCHE TÉLÉGRAPHIQUE.

Paris, 8 sept. 1870, 3 h. 31 m. soir.

*Ministre de l'Intérieur à Préfet, à Laon.*

Le Gouvernement de la Défense nationale vous confirme l'entière confiance que lui inspire votre noble attitude devant l'ennemi. Vous avez un poste de combat, vous n'êtes pas homme à l'abandonner pour des considérations d'ordre politique.

*Le ministre de l'Intérieur,*

Signé : GAMBETTA.

*Nota.* — Plusieurs dépêches de ce jour n'ont pu être retrouvées.

## N° 87.

PÊCHE TÉLÉGRAPHIQUE.

Laon, 8 sept. 1870, 8 h. du soir.

*Préfet démissionnaire à Ministre de l'Intérieur.*

Le *Moniteur universel* apporte à l'instant un prétendu télégramme de moi, dans lequel j'aurais annoncé que Laon est en complet état de défense et que la République est acclamée dans tout le département avec enthousiasme. Cette dépêche apocryphe m'enlève toute autorité morale, m'afflige profondément. J'ai donné ma démission aussitôt la nouvelle de la République. Je l'ai confirmée hier. J'insiste de toutes mes forces pour qu'une rectification expresse soit insérée au *Journal officiel*, et pour que ma démission soit acceptée aujourd'hui même aussi. Je ne reste à Laon, ainsi que je vous l'ai télégraphié, qu'à cause de l'arrivée de l'ennemi.

---

## N° 88.

N° 31042.

DÉPÊCHE TÉLÉGRAPHIQUE.

Paris, 8 sept. 1870, 8 h. 40 m. soir.

*Ministre de l'Intérieur à Préfet de l'Aisne.*

J'avais devancé votre demande; toutefois, je ratifie de nouveau et je vous autorise à publier textuellement la

dépêche dont vous m'envoyez le projet et celle que je vous
ai adressée précédemment. J'approuve votre réponse aux
conseillers municipaux.

---

Nº 42978.

## Nº 89.

Laon, 8 sept. 1870, 9 h. du soir.

*Préfet démissionnaire à Ministre de l'Intérieur.*

Le général, auprès duquel je n'ai cessé de rester, est
rentré à la citadelle entouré de ses officiers.

---

## Nº 90.

DÉPÊCHE TÉLÉGRAPHIQUE.

Laon, le 8 sept. 1870, 10 h. du soir.

*Préfet démissionnaire à Ministre de l'Intérieur.*

Un parlementaire précédant trois divisions parties de
Rethel, de Château-Porcien et de Reims, vient de
demander d'être conduit à la citadelle et s'est adressé au
général, au nom du roi de Prusse, qui aurait quitté Rethel
de sa personne ce matin.

L'avant-garde d'une division serait aux environs de
Sissonne.

La reconnaissance repoussée hier appartenait à cette avant-garde.

Le général vient de rendre compte au Ministre de la Guerre.

---

## N° 91.

DÉPÊCHE TÉLÉGRAPHIQUE.

Laon, le 8 sept. 1870, 12 h. 15 m. soir.

*Préfet démissionnaire à Sous-Préfets, Maires, Chefs de stations télégraphiques et Procureur général, à Amiens.*

Les bruits les plus exagérés, les plus controuvés, semblent circuler dans le département. Il n'a paru encore devant la ville de Laon qu'une reconnaissance d'abord, qu'un parlementaire, ensuite ennemis. Le général est dans la citadelle. Le préfet démissionnaire reste provisoirement à Laon, à cause de l'arrivée de l'ennemi. Tout ce qui est possible est fait en vue de l'honneur du pays et des intérêts publics.

---

## N° 92.

N° 43479.

DÉPÊCHE TÉLÉGRAPHIQUE.

Laon, 8 sept. 1870.

*Préfet démissionnaire à Ministre de l'Intérieur (Paris).*

La place n'ayant que quelques pièces d'artillerie; se trouvant réduite depuis hier soir à 700 mobiles; un corps d'armée considérable, commandé par le duc de Mecklembourg, étant sur le point d'entourer Laon, et le parlementaire ayant déclaré que cette armée occuperait et brûlerait la ville avant d'attaquer la citadelle, aux feux de laquelle elle peut se soustraire, le général m'a informé qu'il se croit dans la nécessité d'accepter la capitulation pour préserver la ville d'un désastre inévitable et sans résultat possible. Il serait à souhaiter que ce nouveau malheur fût au moins expliqué. Je fais mettre en sûreté tous les papiers pouvant être un sujet de dommages. J'invite les chefs de service à se replier sur St-Quentin. Je partirai moi-même le plus tard possible, après l'occupation. La ligne devait être coupée ce matin, à neuf heures, elle l'a été à sept heures et demie. J'envoie ce dernier télégramme à Tergnier, par M. Chalenton, agent du télégraphe de confiance et de dévouement.

---

## N° 93.

### CONSEIL DE GUERRE.

*Extrait du procès-verbal de la séance du 6 novembre 1871.*

### LAON.

Le Conseil, vu le dossier relatif à la capitulation de la place de Laon ; sur le rapport qui lui en a été fait ;
Après en avoir délibéré,
Considérant que le général Théremin d'Hame étant mort

des suites d'une blessure produite par l'explosion du magasin à poudre qui a eu lieu après la capitulation de la place, il lui paraît superflu d'exprimer son opinion sur le blâme ou l'éloge qu'aurait mérité cet officier général, puisqu'il n'en pourrait être tiré de conséquence, croit toutefois devoir dire qu'il a été placé dans une position difficile, qu'il n'avait sous ses ordres qu'un bataillon et une batterie d'artillerie de la garde nationale mobile non instruits, non disciplinés, et plus disposés à la désertion qu'à la résistance ;

Que la population, épouvantée des menaces de bombardement et connaissant la ferme résolution du général de résister, avait voulu l'arrêter et le livrer à l'ennemi ;

Considérant qu'en capitulant le général n'a cédé qu'à l'autorisation implicitement exprimée dans la dépêche ministérielle du 8 septembre, à dix heures du soir, ainsi conçue : « Agissez devant la sommation suivant la nécessité « de la capitulation ; »

Est d'avis, toutefois, qu'il est regrettable qu'avant de rendre la place, le général n'ait pas fait enclouer les canons, détruit les 2 millions de cartouches et les 40 mille kilog. de poudre renfermés dans les magasins.

Pour extrait conforme.

*Le président du Conseil d'enquête,*

Signé : BARAGUEY-D'HILLIERS.

## N° 94.

Reims, le 28 sept. 1870.

...C'est le lundi 12 (sept.), à midi, que nous avons été
prévenus de l'arrivée de M. Ferrand à Reims; il croyait être
prisonnier sur parole, nous le pensions également; mon
mari, M. E. H., et mon beau-frère, M. L. H., s'étaient
rendus immédiatement à l'Hôtel-de-Ville pour lui offrir
notre modeste mais cordiale hospitalité. A leur arrivée à
la mairie, ces Messieurs ont trouvé M. Ferrand gardé par
quatre soldats. Il paraissait ému d'un entretien qu'il avait
eu avec M. de Bismarck, dans lequel celui-ci l'avait menacé
des rigueurs de la loi militaire. M. Ferrand ne put que
donner ce renseignement à ces Messieurs.

Je fus immédiatement prévenue par eux de la tournure
que prenait l'affaire, et sur l'avis d'un officier de la suite
du roi, que je logeais, je fis demander l'autorisation de
voir le prisonnier. Cette entrevue avait pour but de m'assurer que M. Ferrand n'avait agi que d'après les ordres du
gouvernement, chose essentielle à savoir avant de tenter
quelques démarches auprès des personnes royales. Je trou-
vai votre cher mari plein de courage et de résignation; sa
seule pensée était pour vous, sa mère, ses chers enfants; il se
demandait quelle serait votre inquiétude en apprenant sa
position et le coup terrible que vous en ressentiriez. Je

tâchai de le consoler de mon mieux en lui promettant de vous faire parvenir de ses nouvelles par tous les moyens en mon pouvoir. Je pus déjà lui donner quelques bonnes assurances; car j'avais rencontré, avant d'entrer à l'Hôtel-de-Ville, une personne qui avait vu M. de Bismarck après son entrevue avec M. Ferrand, et qui m'avait tranquillisée sur ses intentions.

Lorsque j'eus quitté votre mari, Madame, je me rendis chez mon beau-frère Louis, et tandis que sa femme faisait une démarche auprès de l'archevêque, M. H., mon beau-frère, se rendait chez le prince de Saxe-Weimar, le beau-frère du roi, avec lequel il a eu quelques relations, et le priait de s'intéresser à la cause de M. Ferrand. Le jour même, le roi reçut les deux visites promises; il dit à l'archevêque que l'affaire serait jugée avec tout le soin et la prudence possibles. J'ai su depuis que le jour de son départ il avait envoyé son aide-de-camp au prélat pour l'assurer qu'il avait pris bonne note de sa démarche. D'un autre côté, le prince de Saxe-Weimar avait témoigné beaucoup d'intérêt, et M. de Beust, son grand maréchal, avait assuré à mon beau-frère que l'affaire avait été recommandée particulièrement au juge chargé de l'instruire.

Nous avions donc lieu d'espérer que nos démarches seraient couronnées de succès, et je comptais parvenir jusqu'à M. Ferrand le lendemain, lorsque j'appris, par une personne qu'il avait chargée de me l'apprendre, qu'il avait été dirigé en voiture sur Sto-Menehould et de là sur Coblentz.

Ce que je peux vous affirmer, c'est que votre cher mari est en parfaite santé et plein de fermeté et de dignité. Il a pu partir avec son bagage, un instant égaré. Voici pour les détails matériels. Quant aux autres, plus graves, je crois qu'on a voulu empêcher les autres préfets du nord de faire leur devoir comme M. Ferrand a fait le sien.

Nous avons su aussi d'une manière positive que son affaire était complètement mise à part de celle de la citadelle et qu'elle reposait particulièrement sur sa circulaire et sur la conscription.....

## N° 95.

LETTRE DU MAIRE DE CRAONNE.

5 novembre 1870.

Monsieur,

Je ne peux vous dire combien j'ai été stupéfait et tristement impressionné lorsque j'appris, le 11 septembre dernier, que vous, le premier magistrat du département, étiez retenu prisonnier dans ma commune. Mon premier mouvement fut de courir près de vous pour chercher à alléger votre position et vous donner toutes les marques de sympathie que votre accueil toujours bienveillant dans des temps plus heureux avait si bien méritées. J'eus à peine le temps de vous entrevoir ; une consigne rigoureuse

me força de vous quitter sans pouvoir échanger quelques
mots avec vous. J'eus beau recourir au général, logé chez
moi, pour obtenir la faveur de converser avec vous quelques instants, mes démarches furent inutiles, parce que,
me dit cet officier, *vous étiez au secret.* Il me rassura
cependant sur le sort qui vous était réservé, disant que
les soupçons qui avaient plané sur vous étaient en partie
dissipés, et que sous peu de jours vous seriez en liberté.

Je me disposais, de concert avec M. le curé de Craonne,
que j'avais informé de votre captivité, à faire une démarche
auprès du prince de Wurtemberg et du duc de Nassau,
logés chez ma belle-sœur, lorsque je fus moi-même retenu
prisonnier dans mes appartements avec une sentinelle à
ma porte. Je ne pouvais satisfaire aux nombreuses réquisitions qui m'étaient faites ; on prétendait qu'il y avait
mauvais vouloir de ma part ; ce fut la cause de ma détention. Pour ne citer que quelques-unes de ces réquisitions :
il est évident, pour quiconque connaît la commune et ses
ressources, qu'il m'était impossible de livrer, du jour au
lendemain, 200 paires de souliers et 50 quintaux de riz.
On aurait eu grand'peine à trouver deux paires de souliers
et un quintal de riz.

Le commandant qui m'avait mis aux arrêts ne tarda pas
à me faire conduire, sous bonne escorte, à la mairie, où
je fus forcé de passer la nuit couché sur une botte de
litière. Il me menaça de me faire conduire le lendemain
prisonnier en Allemagne et de faire partager mon sort à
tous les conseillers municipaux de la commune, si nous

ne lui donnions complète satisfaction. Je vous avoue que
ces menaces ne m'intimidèrent pas ; j'espérais toujours que
la réflexion lui ferait comprendre qu'à l'impossible nul
n'est tenu.

Le lendemain 12, j'eus le chagrin de vous voir, par les
fenêtres de la mairie, partir sans pouvoir vous saluer,
vous serrer la main et vous dire le motif pour lequel je
n'étais pas revenu près de vous. J'eus au moins la con-
solation de remarquer la respectueuse déférence avec
laquelle nos habitants se découvraient sur votre passage.
Une demi-heure environ après votre départ, le chef du
poste qui me gardait m'annonça que j'étais libre.

(Suivent quelques détails sur le passage des troupes
allemandes et la situation de la famille du maire.)

J. Babled.

---

N° 96.

*Extrait du* Courrier de l'Aisne, *n° du vendredi 9 au
dimanche 18 septembre 1870.*

Le *Courrier de Champagne* a reçu de l'autorité prussienne le communiqué suivant :

« Le préfet de Laon, arrêté en vertu de la proclamation
« royale qui supprime la conscription dans les départe-
« ments occupés par les troupes allemandes, va être trans-
« porté à Coblentz, où, en même temps, il aura à rendre
« compte à un tribunal militaire de sa qualité d'auteur

« ou de complice de différents attentats commis, dans le
« département de l'Aisne, contre des soldats allemands
« par des individus qui n'appartiennent pas à l'armée
« française. »

( Suit la copie littérale de la circulaire du 28 août, n°
21 *suprà*. )

---

## N° 97.

Coblentz, le 24 septembre 1870.

M. Ferrand reçoit la permission de choisir son logement
dans la ville de Coblentz. Il est tenu de donner avis au
gouverneur de la rue et du numéro de la maison dans
laquelle il a pris résidence.

M. Ferrand a la faculté de sortir tous les jours, de neuf
heures du matin à midi, et de deux heures après midi
jusqu'à six heures du soir; mais il est expressément dé-
fendu de passer les remparts de la ville.

Le gouverneur ne s'oppose pas à ce que M. Ferrand fasse
venir sa famille à Coblentz.

Signé : V. OLLEIN.

*Général lieutenant et gouverneur.*

( Original en français. )

---

## N° 98.

Le journal de Coblentz annonce que l'ancien préfet de l'Aisne, actuellement prisonnier sur parole à Coblentz, aurait été condamné à mort à l'occasion de l'explosion de la citadelle de Laon, puis grâcié sur l'intercession de l'archevêque de Reims.

Cette nouvelle est inexacte. Le préfet de l'Aisne n'a pas été accusé d'avoir participé à un fait tel que celui de l'explosion de la citadelle; il n'a pas, par conséquent, eu à passer devant un conseil de guerre, ni à subir un jugement.

*(Communiqué par l'autorité prussienne.)*

---

## N° 99.

*Extrait de la* Gazette de la Croix, *n° du jeudi 9 février 1871 (traduction).*

Berlin, 8 février. — On nous mande de Coblentz que M. Ferrand, *ex-commandant de Laon* (sic), lequel était interné dans la forteresse d'Ehrenbreitstein, a été, par un gracieux ordre, rendu à la liberté le 31 du mois dernier. Des officiers prussiens, avec lesquels il a eu de fréquents rapports, le dépeignent comme un homme d'honneur, qui, assurément, n'a pris aucune part à l'explosion de la citadelle.

## N° 100.

DÉPÊCHE TÉLÉGRAPHIQUE.

Paris, 10 mars 1871.

*Ministre de l'Intérieur à M. Ferrand, ancien préfet, à Amiens (1).*

Le Ministre de l'Intérieur invite M. Ferrand à venir le trouver à Paris.

*Le Ministre de l'Intérieur,*

Signé : ERNEST PICARD.

---

## N° 101.

DÉPÊCHE TÉLÉGRAPHIQUE.

Amiens, 30 mars 1871.

*A Ministre Intérieur, à Paris.*

Mon état de santé s'est amélioré et me permettrait de me rendre à Çaen après-demain.

Mais avant de partir, je me fais un devoir de vous prier de demander à la députation du Calvados si, en présence des excitations de ces derniers jours et avec l'état si aigu des esprits, mon passé comme préfet de l'Empire ne para-

(1) La ville d'Amiens étant à cette époque encore occupée par l'ennemi, cette dépêche fut remise par l'intermédiaire du préfet prussien.

lysera pas mes efforts. J'ignore l'état actuel des choses dans le Calvados; pourrai-je en ce moment administrer avec dignité et efficacité? Ces questions me préoccupent beaucoup. S'il était survenu des doutes à cet égard, soit chez vous, soit chez les députés, je vous prierais instamment de ne vous croire aucunement engagé vis-à-vis de moi par ma nomination. Lorsque vous m'avez mandé à Paris, nous pouvions compter tous sur un apaisement plus immédiat. J'attends votre réponse à Amiens.

J. Ferrand.

---

## N° 102.

DÉPÊCHE TÉLÉGRAPHIQUE.

Versailles, 30 mars 1871.

*Intérieur à M. Ferrand, Préfet Calvados, à Amiens.*

Rendez-vous à votre poste, vous y êtes attendu. Vous y serez bien reçu, et toute la députation applaudit au choix que nous avons fait de vous.

Le Ministre de l'Intérieur,

Ernest Picard.

FIN DES PIÈCES JUSTIFICATIVES.